Harald Eckert

Die biblischen
„Zeiten der Wiederherstellung"
und die Gemeinde Jesu in Deutschland

Ein Ansporn zum kollektiven Fasten und Gebet

Christen
an der Seite
Israels

ISBN 978-3-86098-201-3
Christliche Kommunikation und Verlagsgesellschaft mbH, Lübeck

1. Auflage 2009

© 2009 beim Herausgeber:
Christen an der Seite Israels e.V.
Ehlener Str. 1
34289 Zierenberg
e-Mail: info@israelaktuell.de
www.israelaktuell.de

Umschlaggestaltung und Satz: Ewald Sutter, AZAR GbR
Umschlagfoto Uhr: © Imagez | Dreamstime.com
Umschlagfoto Pflanze: © Chepko | Dreamstime.com
Herstellung: Schönbach-Druck GmbH, Erzhausen

Soweit nicht anders angegeben, wurden die Bibelzitate der Schlachter-Übersetzung von 1951 entnommen. In Kapitel 5 wurde, soweit nicht anders vermerkt, die revidierte Elberfelder Übersetzung von 1994 verwendet.

INHALT

VORWORT

Deutschland hat in den Jahren nach dem Zweiten Weltkrieg ein ungeheures Maß an Gnade erlebt. Trotz der Hauptverantwortung für zwei Weltkriege und für den Holocaust hat Gott es erlaubt, dass unser Land nicht nur überlebt, sondern wieder einen angesehenen Platz unter den Völkern zugestanden bekommen hat. Das Grundgesetz – 60 Jahre alt – steht auf jüdisch-christlicher Grundlage. Die deutsch-israelischen Beziehungen – über 40 Jahre alt – vertiefen sich gegen den globalen Trend. Die friedliche Wiedervereinigung – 20 Jahre alt – ist ein grandioses Geschenk Gottes an unser Volk. Was für eine Gnade! Doch diese Gnade ist keine Selbstverständlichkeit. Sie ist ein anvertrautes Gut, mit dem es hauszuhalten gilt. *„Wem viel vergeben ist, der liebt viel"* und *„Wem viel anvertraut ist, von dem wird auch viel erwartet"*, sagen uns die Evangelien.

Gleichzeitig nehmen die destruktiven, antigöttlichen und antichristlichen Kräfte in Deutschland zu. Ob von Radikalhumanisten, Radikalislamisten, ob von Rechts- oder Linksextremisten, ob von inneren Abgründen oder globalen Fliehkräften: Das geistliche und gesellschaftliche Klima in Deutschland ist von vielen Seiten gefährdet.

Und wo steht die Gemeinde Jesu in dieser Zerreißprobe? Wird sie von diesen gegensätzlichen Trends mit zerrissen oder findet sie mit der Hilfe Gottes die Kraft zu innerer Erneuerung, zu Reife und Vollmacht, von der geistlicher Segen und biblische Orientierung in die deutsche Gesellschaft und darüber hinaus wirksam wird?

Die Bibel hat zu den Zeiten, in denen wir leben, viel zu sagen. Die „Zeiten der Wiederherstellung" Israels – wie wir sie heute erleben – sind

5

biblisch auch die Zeiten der Erneuerung und Wiederherstellung der Gemeinde Jesu und gleichzeitig Zeiten der Erschütterung für die Völkerwelt, in die wir als Gemeinde hineingezogen werden, in dem Maß, wie wir uns der Welt gleichgemacht haben.

„Zeiten der Wiederherstellung" für die Gemeinde heißt zum einen, dass wir uns danach ausstrecken, zu der Liebe, der Glaubwürdigkeit und der Vollmacht der Urgemeinde zurückzukehren. Die Reformation, die pietistischen Erweckungen, die pfingstlichen und charismatischen Bewegungen des 20. Jahrhunderts und so manche Erneuerungsbewegung innerhalb der katholischen Kirche und anderer Traditionskirchen waren und sind Wirkungen des Geistes hin auf die „Zeiten der Wiederherstellung". Die Wiederentdeckung und Wertschätzung von „Saft und Fettigkeit" des Ölbaums in der Heilsgeschichte Israels, von denen Paulus im Ölbaumgleichnis in Römer 11 spricht, ist ein hochaktuelles Element der „Zeiten der Wiederherstellung" in unseren Tagen, parallel zum Wiederherstellungshandeln Gottes an und durch Israel und dem jüdischen Volk.

Darüber hinaus hat das Wirken des Heiligen Geistes eine sehr persönliche Dimension. In diesen „Zeiten der Wiederherstellung" und unter diesem prophetischen Wirken des Geistes Gottes in unseren Tagen will Jesus auch ganz persönlich Lebensschicksale, Beziehungen, Berufungen und Beauftragungen innerhalb des Leibes Christi wiederherstellen. Eine Dimension des mächtigen Wirkens des Heiligen Geistes in unseren Tagen ist die, dass er auf höchst einfühlsame, barmherzige und liebevolle Weise in unserem eigenen oft so angefochtenen Leben *„den glimmenden Docht nicht auslöscht und das geknickte Rohr nicht abbricht"* (Matthäus 12,20).

Es ist meine tiefe Überzeugung, dass der entscheidende Zugang zu den Kräften der Erneuerung und Wiederherstellung der Gemeinde und unseres persönlichen Lebens zum Segen für Israel und für unser deutsches Volk im gemeinschaftlichen Fasten und Gebet liegen. Israel hat derartige geistliche Durchbrüche erlebt, z. B. in der Zeit Esthers, sogar eine heidnischen Metropole wie Ninive hat zu alttestamentlichen Zeiten eine derart gnädige Wende erlebt – und so ist es im Verlauf der Kirchengeschichte schon manchen Völkern gegangen, die in Zeiten der Krise und

schicksalhafter Weichenstellungen Buß- und Bettage, nationale Fasten-
tage und ähnliche Maßnahmen ausgerufen haben.

Dieses Buch versteht sich auf diesem Hintergrund nicht in erster Linie
als eine Lehrabhandlung, auch wenn mein ausdrückliches Bemühen darin besteht, die Bibel möglichst unverfälscht zu Wort kommen zu lassen.
Aber der innerste Antrieb ist der Ansporn zum Gebet, nach Möglichkeit
verbunden mit irgendeiner Form des Fastens. Anlass sind der Ansporn
von „Christen an der Seite Israels" und einer Reihe geistlicher Leiter in
Deutschland zu 40 Tagen des Fastens und Betens vom 6. Januar bis 14.
Februar 2010. In diesen 40 Tagen mögen sich viele Gläubige an allen Orten zu Anbetung und Gebet sammeln, um gemeinschaftlich vor Gott zu
treten. Aber natürlich sind die Impulse und Anliegen dieses Buches nicht
auf diese Zeit begrenzt, sondern mögen uns über längere Zeit hinweg
begleiten und im Glauben und Gebet stärken.

Einen besonderen Dank möchte ich meinen Freunden vom „Internationalen Bibellehrdienst" (IBL) zum Ausdruck bringen, dass sie mir
gestattet haben, die Botschaft von Derek Prince „Wiederherstellung
durch kollektives Fasten" in diese Veröffentlichung mit zu integrieren.
Der Lehrdienst von Derek Prince hat maßgebliche Fundamente für mein
persönliches geistliches Leben und meine tägliche Nachfolge gelegt, die
bis heute Frucht tragen – und ich höre mir zu meiner großen Bereiche-
rung nach wie vor regelmäßig die „CD des Monats" und andere Bot-
schaften von Derek Prince an (mehr zu IBL auf den letzten Seiten dieses
Buches).

Einen weiteren Dank möchte ich Azar in Trostberg (Chiemgauer Land)
gegenüber zum Ausdruck bringen, die mich in der praktischen Umset-
zung bei der Veröffentlichung dieses Buches kompetent und tatkräftig
unterstützt haben. Mein Dank gilt auch dem großartigen Leitungsteam
und allen Mitarbeitern von „Christen an der Seite Israels", die nicht nur
in Rat und Tat die 40-Tages-Initiative und dieses Buch beraten, begleiten
und in wesentlichen Stücken auch tragen und umsetzen, sondern die mir
teilweise über viele Jahre hinweg in großer Treue, Substanz und Geduld
Partner, Unterstützer und Ergänzung sind in dem Anliegen, ein Segen für
Israel zu sein, aber auch eine Ermutigung und Impulsgeber für den Leib
Christi in Deutschland.

Last aber bei weitem not Least möchte ich meiner Frau Erika danken. Sie ist nicht nur eine treue und liebevolle Ehefrau und wunderbare Mutter unserer vier Kinder. Sie ist in aller Stille und im Hintergrund eine unerschöpfliche Quelle der Ermutigung, des Ausgleichs und der Inspiration für meinen Weg und meinen Dienst über inzwischen fast 25 Jahre. Ihr sei dieses Buch gewidmet.

So wünsche ich allen Lesern bei dieser Lektüre großen persönlichen Gewinn und bleibende Herzens- und Horizonterweiterungen, eine Stärkung in „Glaube, Hoffnung und Liebe" und dass der frische Wind des Heiligen Geistes durch dieses Buch hindurch euren Geist erquickt und das Feuer des Gebets dadurch angefacht wird.

Harald Eckert

Hebertshausen bei München,

Zum jüdischen Jom Kippur-Fest 5770, am 28. September 2009

Kapitel 1

Eine Einführung

„... bis auf die Zeiten der Wiederherstellung aller Dinge ..." *(Apostelgeschichte 3,21)*

Diese Vortragsreihe wurde im Herbst 2008 im Rahmen einer Lehrkonferenz zum Thema „Zeiten der Wiederherstellung" in Gießen gehalten und wird hier in Originalform mit etwas redaktioneller Bearbeitung wiedergegeben. Der mündliche Vortragsstil und die damit verbundene Gegenwartsform der Vorträge wurden somit bewusst beibehalten.

Daraus erklärt sich auch, dass in der Gegenwart „gesprochen" wird, auch wenn es sich jetzt bei den Daten größtenteils um Vergangenheit handelt.

Von meiner Seite aus ein ganz herzliches Willkommen. Ich freue mich, euch zu sehen, und ich bin gespannt auf dieses Wochenende. Ich bin erwartungsvoll, neugierig, auch ein kleines bisschen unsicher, weil ich für dieses Wochenende Dinge erwarte, die für mich keine Routine sind, und alles, was nicht Routine ist, ist mit ein bisschen Bangen verbunden. Ihr werdet das nachvollziehen können, wenn ich gleich einführend ein wenig erzähle von meinem Anmarschweg auf dieses Wochenende hin.

Der Kern der Suche: Ein neues Gebetsfeuer für Deutschland

Vor einem Jahr waren wir hier in dieser Gemeinde und hatten ein Gebetsseminar. Dieses Seminar war eine Mischung aus inhaltlichem und methodischem Arbeiten. Es ging um biblische Grundlagen und visionären Ausblick, aber es ging auch stark um pragmatische Hilfestellungen und darum, Mut zu machen, in der eigenen Region Gebetsveranstaltungen auszurichten. Einige Monate später zeigte sich, dass der Herr dieses Seminar mit dazu benutzen wollte, um am 14. Mai 2008 – dem 60. Jahrestag der Staatsgründung Israels – ein Feuerwerk von regionalen Gebetsveranstaltungen hervorzubringen. Und an oder um diesen 14. Mai kamen mehrere Tausend Christen an etwa 50 Orten in Deutschland, auch hier in diesem Haus, zusammen, um zu jubeln, zu feiern, zu danken und dem Herrn für die staatliche Wiedergeburt Israels die Ehre zu geben und um das Volk Israel zu segnen.

In den letzten Wochen stand ich nun vor der Frage: „Herr, was hast du für dieses Jahr vorbereitet?" An diesem Prozess möchte ich euch etwas teilhaben lassen. Er knüpft gewissermaßen an das an, was wir hier vor einem Jahr auf dem Gebetsseminar erlebt haben, und an die Frucht, die um den 14. Mai herum entstanden ist. Der ursprüngliche Gedanke war eigentlich, mehr oder weniger direkt an das Seminar vom letzten Jahr anzuknüpfen und eine vertiefende Gebetsschulung anzubieten. Doch je näher dieses Wochenende heranrückte, spürte ich, dass das nicht ganz passte.

Ich glaube, eines der Dinge, die wir hier in Deutschland besonders dringend brauchen, ist einen neuen geistlichen Zündfunken, gerade im Bereich Gebet. Das ist die Last, die im Vorfeld auf dieses Wochenende in meinem Herzen lebte. Besonders im Bereich des Gebets für Deutschland, Deutschlands Beziehung zu Israel und die Berufung der Gemeinde Jesu in diesem Zusammenhang.

Ich spüre diesen inneren Zug des Heiligen Geistes persönlich, erlebe ihn aber auch im Kontakt mit anderen Bewegungen und Persönlichkeiten, z. B. in der Zusammenarbeit mit der Gebetsbewegung „Wächterruf", im Kontakt mit dem „Runden Tisch Gebet" oder auch aus dem heraus, was ich von der „Väterbewegung" mitbekomme, um nur einige prophetische

Netzwerke oder Bewegungen zu nennen, mit denen ich mich geistlich verbunden weiß.

In mir sowie in vielen von uns brennt die Frage: „Herr, was hast du als Nächstes vorbereitet?" Es braucht einen Zündfunken, einen geistlichen Zündfunken von einer Dichte und von einer Qualität, der ein Buschfeuer auslöst, der einen Flächenbrand auslöst, der irgendwie eine geistliche Durchschlagskraft entwickelt, die über das Persönliche und über das Unmittelbare und Naheliegende und Vertraute und Gewohnte hinausgeht. Wer von euch kann sich mit meiner Suche identifizieren? Ist jemand da, der auch sagt: „Herr, bitte, schlag ein nächstes Kapitel auf, schlag eine nächste Seite auf." Diese Frage bewegte mich im Hinblick auf dieses Wochenende über Wochen hinweg sehr stark.

Im Prospekt für dieses Wochenende stand: *„Wir leben in den Zeiten der Wiederherstellung, dies sind gleichzeitig Zeiten der Erschütterung ... Zeiten der Erschütterung, Zeiten der Wiederherstellung, für Israel, für die Gemeinde, für die Nationen. Was die Nationen betrifft, sind diese auf dem Weg in das »Tal der Entscheidung« (Joel 4,14). Wie wird für Deutschland die Entscheidung ausfallen? Das ist in erster Linie eine Frage an die Gemeinde Jesu in Deutschland, eine Frage des Gebets, eine Frage der prophetischen Kraft. In diese Herausforderung hinein möchte die Konferenz Raum für Anbetung, für Verweilen in der Gegenwart Gottes, für Gebet, für Vernetzung und für Vertiefung des biblischen Fundaments schaffen. Gleichzeitig dient diese Konferenz auch der geistlichen Vorbereitung des 7.–9. November 2008 in München, dem 70. Jahrestag der Reichspogromnacht."*

Dieser 70. Jahrestag der Pogromnacht ist ein besonderer Tag, der vor uns liegt. Wir wissen zum Beispiel vom Buch Daniel, Kapitel 9, dass die Zahl 70 in der Bibel eine besondere Bedeutung hat. Für Israel war das 70. Jahr im Exil ein Jahr der Wende. Eine Wende von der Gefangenschaft in die Freiheit. Eine Wende vom Exil ins verheißene Land. Und das hat auch für uns zu tun mit der Erwartung, mit der Hoffnung, mit der Sehnsucht, mit der auch teilweise verzweifelten Suche: *„Herr, was hast du als Nächstes für uns, für unser Land, für deine Gemeinde in Deutschland vorbereitet?"* „Zeiten der Wiederherstellung, Zeiten der Erschütterung,

Wendezeit. Zeiten der Wiederherstellung für die Gemeinde, Israel und die Nationen" – das ist die große Überschrift für diese Tage.

Ich möchte euch einladen und ermutigen hin zu dieser Offenheit, dieser Sehnsucht, diesem Ausstrecken zum Herrn hin. Ich möchte uns einladen, dass wir, wo der Geist Gottes es schenkt, ein Stück weit eingefahrene Spuren verlassen, sensibel sind, weich, ansprechbar vom Herrn, kreativ, fantasievoll, prägbar, gehorsam. Ich möchte euch einladen, wir als Team möchten euch einladen hinein in diese Offenheit, dieses Ausstrecken, diese Suche. Wer gekommen ist, um fertige Rezepte zu erhalten, wird ein bisschen enttäuscht werden. Wer aber offen dafür ist, mit in diese Suche einzusteigen und bestimmte Fragestellungen mit neuen Augen anzusehen, auch wenn nicht alles sofort einen kompletten Sinn ergibt, der ist herzlich eingeladen.

Ich möchte einladen, euch auf ein Abenteuer einzulassen. Ich glaube, dass der Heilige Geist einige sehr frische Impulse und Anstöße vorbereitet hat. Manches wird herausfordernd und neu sein. Es wird etwas kosten, sich darauf einzulassen. Billig gibt es das nicht, was wir suchen, liebe Freunde. Aber wenn wir es ernst meinen, dann wird Gott darauf reagieren. Mein Konfirmationsspruch aus Matthäus 7,7 lautet: *„Wer bittet, dem wird gegeben, wer suchet, der findet, wer anklopft, dem wird aufgetan werden."* Lasst uns gemeinsam in diesem Geist und in dieser Bereitschaft und in dieser Erwartung in dieses Wochenende gehen.

„Zeiten der Wiederherstellung – das Thema meines Lebens"

Ich werde an diesem Wochenende Dinge zusammenbringen und miteinander verknüpfen, die ich so in dieser Weise noch nie zusammengebracht und noch nie verknüpft habe. Für mich persönlich sind diese Tage fast so etwas wie ein kleiner historischer Moment in meiner eigenen Biografie. Ich möchte das kurz erläutern:

Ich bin Mitte der 70er Jahre als Teenager in München zum Glauben gekommen und bin dann sehr schnell als 16/17-Jähriger in eine kleine Gemeinschaft von ehemaligen Jesus-Freaks und Jesus-People geführt worden. Sie waren mit einem interessanten Mann in Verbindung, nämlich mit Derek Prince. Ich denke, den meisten von euch sagt dieser Name etwas. Er kam damals in den 70er und 80er Jahren in der Regel mehrmals im Jahr nach München. Und dieses Stichwort „Wiederherstellung" habe ich zum ersten Mal um 1976/77 herum von ihm gehört. Die dahinter stehende biblische Wahrheit hat sofort bei mir eingeschlagen. Dies wurde so etwas wie die Überschrift über meinem Lebensauftrag, möchte ich mal behaupten.

Dann folgten 13 Jahre, von 1977 bis 1989, wo ich als junger Mann Teil eines Gemeindegründungs-Teams war. Wir fingen damals mit der kleinen Gruppe von rund 20 Erwachsenen an und erlebten dann in den ersten Jahren einen Aufbruch. Innerhalb von vier bis fünf Jahren wuchsen wir auf 150 Erwachsene plus viele Kinder an. In der zweiten Hälfte der 80er Jahre erlebten wir dann aber auch so manches sowohl an Konsolidierung als auch an Erschütterung. Ich habe also die verschiedenen Facetten des Gemeindelebens miterlebt, und zwar im Leitungsteam, nicht als Pastor, aber als Teil des inneren Kreises.

In dieser Zeit, genau seit Oktober 1982, brachte ich dann eine Zeitschrift heraus, eine christliche Lehrzeitschrift mit dem Namen – ratet mal: „Wiederherstellung" – genau. Von 1982 bis 1989 – sieben Jahre lang. Der Schwerpunkt dieser Zeitschrift war die zunehmende Erfüllung biblischer Prophetie in unseren Tagen, und zwar an der Gemeinde und an Israel. Der Blick für die Nationen war damals noch nicht so stark ausgeprägt, der kam später vermehrt hinzu.

1990 bin ich dann mit meiner Familie umgezogen: Von München nach Altensteig im Nordschwarzwald. In Altensteig habe ich zwei Dinge gemacht: Erstens mich enger mit Derek Prince verbunden – ich habe 1990 den Arbeitszweig von Derek Prince in Deutschland ins Leben gerufen. Bei uns heißt dieser Dienst „*Internationaler Bibellehrdienst*", das wird dem einen oder anderen bekannt sein. Zweitens habe ich mit Bertold Becker zusammen im Leitungsteam von „*Fürbitte für Deutschland*" mitgearbeitet. In diesen Jahren in der Gebetsbewegung war es, dass sich mein Herz und mein Horizont für die Nationen im Allgemeinen und für Deutschland im Besonderen geweitet haben.

Mitte der 90er Jahre kam es dann zu erneuten Veränderungen in meinem Leben und meinem Dienst. In den letzten zehn bis zwölf Jahren ist mein Lebens- und Tätigkeitsschwerpunkt sehr stark mit Israel und der Beziehung Deutschlands zu Israel verbunden. Mit anderen Worten kann man etwas vereinfacht sagen: In den 80er Jahren war die Gemeinde Jesu das Zentrum meines Interesses, in den 90er Jahren Deutschland und in den letzten Jahren Israel. Die große Sicht für diese drei Themen und deren Zusammengehörigkeit war über all die Jahre im Grundsatz immer da gewesen. Aber die jeweiligen Schwerpunkte, die Betonungen, die Blickwinkel waren unterschiedlich.

Jetzt schließt sich der Kreis. Was meine ich nun damit, wenn ich das sage?

In den letzten beiden Jahren habe ich eine ungewöhnliche Erfahrung gemacht, und zwar auf den beiden Begegnungs-, Schulungs- und Gebetsreisen nach Israel für engagierte Israelfreunde aus Deutschland. Wenn Israel-Gruppen nach Israel reisen, dann gehen die Lehreinheiten in der Regel ganz selbstverständlich über Israel. Nicht zuletzt auf Grund eindringlicher Ermutigung meiner Mitarbeiter habe ich auf diesen beiden Reisen jedoch das übliche Schema verlassen. Ich habe nur am Rand über Israel gelehrt. Das Hauptlehrthema der ersten Reise war „Der Leib Christi" und das der zweiten Reise „Zeiten der Wiederherstellung".

Was mich dann so berührt hat, war die Resonanz der Leute, die beide Male auf der Reise mit dabei waren. Es waren in der Regel Leute, die sich Jahre und Jahrzehnte in Israel investiert haben, die meisten von ihnen waren schon mehrmals in Israel, einige haben selbst schon Reisegruppen geleitet. Ja, und dann ist einfach in mir und auch bei den Leuten in den beiden Gruppen etwas passiert. Wir haben eine große Freude darin erlebt, diese eingefahrene Spur zu verlassen und eine lehrmäßige Grenzüberschreitung vorzunehmen. In mir lebte das schon immer so – aber ich dachte, dass ich das doch nicht bringen kann. Aber ich habe es gewagt – und es hat bei beiden Gruppen jeweils eine tiefe Resonanz ausgelöst.

Und an diesem Wochenende hier möchte ich nun das gleiche Wagnis eingehen. Ich möchte freimütig über die drei großen, miteinander zusammenhängenden Themen sprechen: Gemeinde, Israel und die Nationen. In den biblisch-prophetisch vorhergesagten „Zeiten der Wiederherstellung".

Zeiten der Erschütterung – Zeiten der Wiederherstellung

Nach dem biografischen Einstieg nun der biblische Einstieg ins The-
ma. Ich möchte einleitend zwei Stichworte, zwei Themen miteinander
in Verbindung bringen, die aus meiner Sicht eng zusammengehören.
Die beiden Stichworte sind: „Zeiten der Erschütterung" und „Zeiten der
Wiederherstellung". Von den „Zeiten der Erschütterung" lesen wir im
Hebräerbrief, Kapitel 12. Von den „Zeiten der Wiederherstellung" in der
Apostelgeschichte, Kapitel 3. Zuerst Hebräer 12,22–24 und 26–28:

„Sondern ihr seid gekommen" (und die Rede ist von uns, denen, die
an Jesus gläubig geworden sind) *„zu dem Berge Zion und zu der Stadt
des lebendigen Gottes, dem himmlischen Jerusalem, und zu Zehntau-
senden von Engeln, zur Festversammlung und Gemeinde der Erstge-
borenen, die im Himmel angeschrieben sind, und zu Gott, dem Richter
über alle, und zu den Geistern der vollendeten Gerechten und zu Jesus, dem Mittler des neuen Bundes, und zu dem Blut der Besprengung,
das Besseres redet als Abels Blut ..."* (und dann überspringen wir ein
wenig und machen weiter mit Vers 26) *„... dessen Stimme damals
die Erde bewegte; nun aber hat Er verheißen: »Noch einmal will ich
bewegen, nicht allein die Erde, sondern auch den Himmel!« Dieses
»noch einmal« deutet hin auf die Veränderung des Beweglichen, weil
Erschaffenen, damit das Unbewegliche bleibe. Darum, weil wir ein
unbewegliches Reich empfangen, lasset uns Dank beweisen, durch
welchen wir Gott wohlgefällig dienen wollen mit Scheu und Furcht!"*

Das Wort, das hier mit „unbeweglich" übersetzt ist, kann auch mit
„unerschütterlich" übersetzt werden. Das heißt, es ist hier die Rede von
einem Prozess, einem Prozess der Erschütterung, und zwar der Erschütterung dessen, was geschaffen ist. Das Ziel dieser Erschütterung ist, dass
das hervortrete, was unerschütterlich ist. Und das Unerschütterliche ist
hier namentlich mit dem himmlischen Jerusalem benannt. Das ist die
ewige Herrlichkeit. Das ist, wenn wir in Offenbarung 21 lesen, die Braut
Jesu, die Braut des Lammes, die Schar der Erlösten aus Juden und Nichtjuden.

Das Hervorkommen des Neuen und die Art und Weise, wie es hervor-
kommt, geschieht inmitten von Erschütterungen. Und ausführlich ausge-

malt finden wir diesen Prozess im Buch der Offenbarung. Dort folgt ab Kapitel 6 Erschütterung auf Erschütterung, Zorngericht auf Zorngericht, Siegelbruch auf Siegelbruch. Alles strebt zu auf das Ende der Geschichte. Und dieses Ende der Geschichte hat zwei Aspekte: Die eine Seite der Medaille ist das Strafgericht über Babylon und über all das, was Teil des babylonischen Systems und des babylonischen Geistes ist. Die zweite Seite der Medaille ist das Erscheinen des Neuen Jerusalem, der Braut des Lammes.

Jesus sprach auch von diesen Zeiten. Er benutzte nicht den Begriff „Zeiten der Erschütterung", auch nicht das Bild vom Gericht über Babylon, sondern er gebrauchte in Matthäus, Kapitel 24, und den Parallelstellen ein anderes Bild: Das Bild der Endzeitwehen. Die Menschheit liegt am Ende ihrer Geschichte, in der Endzeit, in Geburtswehen. Kriege, Seuchen, Erdbeben, Hungersnöte und manches mehr erschüttern die Menschheit. Gemeint ist also in allen drei Bildern das Gleiche: eine zunehmende Eskalation von menschlicher Not, Tragik, Ratlosigkeit und Hoffnungslosigkeit. Das ist die eine Seite des Geschehens.

Die andere Seite ist die, welche uns in Apostelgeschichte 3 vorgestellt wird. Das sind die „Zeiten der Wiederherstellung". Lesen wir ab Vers 18 bis Vers 21. Diese Verse stehen im Kontext der zweiten großen Predigt des Petrus, die in der Apostelgeschichte aufgezeichnet ist. Die erste war die Pfingstpredigt. Der Auslöser zu dieser zweiten Predigt war die Heilung eines gelähmten Mannes, der im Bereich des Tempelbezirkes bettelte. Diese übernatürliche Heilung löste einen großen Menschenauflauf aus, vorwiegend jüdischer Menschen, die sich im und um den Tempel herum aufhielten. Und dieses Ereignis hat dann Petrus dazu veranlasst, spontan, vom Fleck weg, ganz zentrale Dinge zu sagen. Viel könnte über diese Predigt als Ganzes gesagt werden, aber ich greife jetzt nur eine Passage heraus, nämlich die Verse 18–21:

„Gott hat aber das, was Er durch den Mund aller seiner Propheten zuvor verkündigte, dass nämlich Christus leiden müsse, auf diese Weise erfüllt. So tut nun Buße und bekehret euch, dass eure Sünden ausgetilgt werden, damit Zeiten der Erquickung vom Angesicht des HERRN kommen und Er den euch vorherbestimmten Christus (Hebr.: Messias) Jesus sende, welchen der Himmel aufnehmen muss bis auf die ZEITEN

DER WIEDERHERSTELLUNG alles dessen, wovon Gott durch den Mund seiner heiligen Propheten von alters her geredet hat."

Das ist die zugrunde liegende Bibelstelle der großen Überschrift „Zeiten der Wiederherstellung".

Lesen wir die Passage nochmals Stück für Stück und versuchen wir jeweils, die Kernaussage zu verstehen:

„Gott hat aber das, was Er durch den Mund aller Seiner Propheten zuvor verkündigte, dass nämlich Christus leiden müsse, auf diese Weise erfüllt." Hier bezieht sich Petrus auf das erste Kommen Jesu. Er bezieht sich, wie aus den vorhergehenden Versen zu ersehen ist, auf seinen Tod und seine Auferstehung und die tragischen Umstände, die dazu geführt haben. Er tröstet aber seine jüdischen Zuhörer damit, dass all dies geschehen ist in wortgetreuer Erfüllung biblischer Prophetie. Wir lesen viele dieser alttestamentlichen Prophetien mit Bezug auf das erste Kommen Jesu besonders gerne zur Weihnachtszeit. Jesus selbst bestätigte diese Sichtweise kurz nach seiner Auferstehung im Gespräch mit zwei seiner Jünger auf dem Weg von Jerusalem nach Emmaus:

„Musste nicht Christus dies erleiden und in Seine Herrlichkeit eingehen? Und Er fing an bei Mose und allen Propheten und legte ihnen aus, was in der ganzen Schrift von Ihm gesagt war." (Lukas 24,26–27)

Mit anderen Worten: Viele Einzelheiten beim ersten Kommen Jesu waren buchstäbliche Erfüllung alttestamentlicher Prophetie, vor allem seine Geburt, sein Leiden, sein Sterben und seine Auferstehung.

„So tut nun Buße und bekehret euch, dass eure Sünden ausgetilgt werden, damit Zeiten der Erquickung vom Angesicht des HERRN kommen und Er den euch vorherbestimmten Christus (Hebr.: Messias) *Jesus sende ..."*

Die Juden, zu denen Petrus sprach, trugen offensichtlich Mitschuld und Mitverantwortung an der schrecklichen Tatsache, dass sie ihren Messias, der über Jahrhunderte von ihren Propheten angekündigt war, den Römern zur Kreuzigung ausgeliefert hatten. Andererseits taten sie „nur",

was schon vor langer Zeit bei Gott beschlossene und angekündigte Sache
war. Wenn sie Buße täten, würden „Zeiten der Erquickung" anbrechen.
Diese Zeiten stehen offensichtlich im Zusammenhang mit dem (zweiten)
Kommen Jesu. Es ist ein Hinweis auf das verheißene messianische Königreich. Dieses wird kommen, wenn Israel Buße tut oder – wie Paulus
sagt – wenn „ganz Israel gerettet wird" (Römer 11,26).

> *„... welchen der Himmel aufnehmen muss bis auf die ZEITEN DER*
> *WIEDERHERSTELLUNG alles dessen, wovon Gott durch den Mund*
> *Seiner heiligen Propheten von alters her geredet hat."*

Hier nun spricht Petrus von der Zeit zwischen dem ersten Kommen
Jesu gemäß biblischer Verheißung und dem zweiten Kommen Jesu gemäß biblischer Verheißung. „Ihn muss der Himmel aufnehmen ..." Das
ist der Zeitabschnitt, in dem wir leben. „... **bis** auf die Zeiten der Wiederherstellung ..."! Dieser Zeitabschnitt, in dem Jesus im Himmel aufgenommen ist, wird zu Ende gehen, wenn verschiedene weitere Dinge
in Erfüllung gehen, die „Gott durch den Mund seiner heiligen Propheten
von alters her geredet hat".

Mit anderen Worten: Biblische Prophetie lässt sich grob in drei zeitliche Abschnitte unterteilen, was deren Erfüllung betrifft: Zum einen den
Abschnitt, der mit dem ersten Kommen Jesu abgeschlossen ist. Davon
spricht Petrus rückblickend in Vers 18. Dann der Abschnitt nach dem
ersten **bis** zum zweiten Kommen Jesu. Ihn muss der Himmel aufnehmen,
bis sich weitere biblische Prophetien erfüllt haben. Dann erst kann und
wird er kommen. Dann erst, nach Jesu Rückkehr auf die Erde, beginnt
der dritte Abschnitt, beginnen die „Zeiten der Erquickung", das messianische Friedensreich, und alles, was danach kommt.

Der zentrale Gedanke, um den es Petrus in diesem Abschnitt also geht,
ist der Hinweis auf die Erfüllung biblischer Prophetie. Dies wird auch
dadurch bestätigt, dass Petrus in den folgenden Versen ausdrücklich von
Mose und Jesu als den größten Propheten schlechthin spricht, wobei Jesus der größere von den beiden ist. „Zeiten der Wiederherstellung" sind
also „Zeiten der Erfüllung biblischer Prophetie". Und zwar spezifisch Erfüllung biblischer Prophetie im Zusammenhang mit dem zweiten Kommen Jesu.

Biblische Prophetie und „Rhema-Prophetie"

Die Bibel, so haben kluge Leute herausgefunden, besteht zu einem Drittel aus Prophetie. Der größere Teil davon sind die alttestamentlichen Propheten. Aber auch im Neuen Testament gibt es intensive prophetische Passagen, sowohl bei Jesus – zum Beispiel seine Endzeitreden – wie auch bei Paulus und in den Briefen bis hin zum Buch der Offenbarung.

Die Hauptfrage, die uns dieses Wochenende nun beschäftigen soll, lautet: Welche großen Themen biblischer Prophetie haben eine besondere Relevanz für die „Zeiten der Wiederherstellung" im Hinblick auf das zweite Kommen Jesu.

Es ist meine über die Jahre gewachsene Überzeugung, dass es für diesen Zeitabschnitt drei Hauptstränge biblischer Prophetie gibt. Alle drei Stränge haben gemeinsam, dass sie auf die Wiederkunft Jesu hinzielen. Alle drei Stränge haben gemeinsam, dass sie eine Mischung aus Gerichtsprophetie – „Zeiten der Erschütterung" – und Vorhersage von erfüllter Verheißung – „Zeiten der Wiederherstellung" – darstellen. Alle drei Stränge haben gemeinsam, dass sie ihren Ursprung im Alten Testament und ihre Fortsetzung im Neuen Testament haben. Heute Abend möchte ich einleitend nur einige wesentliche neutestamentliche Hinweise geben. Im Verlaufe des morgigen Tages werden wir dann jeweils den alttestamentlichen Wurzelboden näher kennen lernen.

Ich möchte dabei betonen, wie wichtig es ist zu verstehen, dass jedes neutestamentliche Offenbarungsthema einen alttestamentlichen Wurzelboden hat. Aus dieser Wurzel heraus erwächst dann im Neuen Testament die jeweilige Entfaltung und Zuspitzung. Doch wenn man den im Alten Testament offenbarten Teil nicht kennt, kann man den neutestamentlichen Teil leicht missverstehen. Diese Einheit von alttestamentlicher und neutestamentlicher Offenbarung wird ein Schwerpunkt meiner Ausführungen an diesem Wochenende darstellen. Ich halte das für sehr wichtig und notwendig.

Gerade bei endzeitlichen Themen stehen wir alle in Gefahr zu spekulieren, zu konstruieren oder zu raten. In charismatischen Kreisen manchmal sogar mehr als in anderen Kreisen. Einfach deshalb, weil hier mehr

Raum als in vielen anderen Kreisen für die Ausübung der Gabe der Prophetie oder für das Amt des Propheten ist. Ich begrüße das sehr! Aber gerade weil in unseren Kreisen mehr Raum dafür ist, bedarf es umso mehr der Prüfung durch das Wort Gottes, durch die Bibel. Biblische Prophetie und Rhema-Prophetie, wie ich das mal nennen möchte, dürfen sich nicht widersprechen.

Um ein einfaches, aber markantes Beispiel zu nennen: Die Bibel spricht davon, dass Endzeitwehen und Zeiten der Erschütterungen kommen werden. Alle Rhema-Prophetien, die nun davon sprechen, dass wir als Gemeinde oder als Gläubige, wenn wir nur genug dieses oder jenes tun, diese Erschütterungen grundsätzlich und ein für allemal wegbeten oder wegproklamieren können, so dass sie uns erspart bleiben, sind nicht von der Bibel untermauert. Doch spricht die Bibel sehr wohl davon, wie wir inmitten dieser Wehen und Erschütterungen im Herrn geborgen, siegreich und fruchtbar sein können.

Genau darum geht es an diesem Wochenende. Wir wollen uns im Wort Gottes verankern, unsere geistlichen Füße auf festen Grund stellen, damit wir sicher stehen und nicht „hin und her geworfen werden" von Zweifeln und von „jedem Wind der Lehre". Damit wir dem Heiligen Geist Raum geben können, wenn er uns in biblisch verheißene Durchbrüche und in sein Erfüllungshandeln mit hineinnehmen möchte. Denn: Die „Zeiten der Wiederherstellung" sind auch die Zeiten der Erschütterung. Das heißt, wenn wir nicht auf dem unerschütterlichen Boden des Wortes Gottes gegründet sind, dann sind wir gefährdet in den Erschütterungen der Endzeit. Das gilt für jeden Christen ganz persönlich. Das gilt für jede Gemeinde und für jedes Werk. Das gilt für die Gemeinde Jesu als Ganzes.

Die drei biblisch vorhergesagten Hauptereignisse in den „Zeiten der Wiederherstellung"

Ich möchte diesen Abschnitt beschließen mit einem ersten Hinweis auf die in der Bibel ausgeführten Themen, die meines Erachtens für den Zeitabschnitt, in dem wir leben, der Zeit zwischen dem ersten und zweiten Kommen Jesu, von herausragender Bedeutung sind. Die Bedeutung dieser prophetischen Themen wird umso wichtiger, je näher wir der Wiederkunft Jesu kommen. Diese drei Themenstränge sind:

1. Die Proklamation des Reiches Gottes unter den Völkern

2. Die physische und geistliche Wiederherstellung Israels

3. Die Zubereitung der Braut-Gemeinde

Zu jedem dieser drei Überschriften möchte ich als ersten Hinweis jeweils eine neutestamentliche Bibelstelle nennen.

Was die Proklamation des Reiches Gottes unter den Völkern betrifft, lesen wir im Matthäusevangelium, Kapitel 24, Vers 14. Jesus spricht hier im Rahmen der sogenannten „Endzeitreden" zu seinen Jüngern und den jüdischen Besuchern des Tempels:

„Und dieses Evangelium vom Reich Gottes wird gepredigt werden in aller Welt, zum Zeugnis für alle Völker, und dann wird das Ende kommen."

Mit anderen Worten: Jesus wird erst dann wiederkommen, wenn das Evangelium vom Reich Gottes unter allen ethnischen Völkern proklamiert worden ist.

Es ist wichtig zu verstehen, dass Jesus in den sogenannten „Endzeitreden" als Prophet spricht. Jesus wird von Petrus, wie wir schon erwähnten, als der größte aller Propheten bezeichnet – größer als Mose, größer als Elia, größer als alle anderen Propheten der Bibel. Jesus spricht in den Endzeitreden über Dinge, die in der Zukunft liegen, teilweise in der nahen Zukunft, teilweise in der fernen Zukunft, aber hier geht es um Fragen des Endes dieses Zeitalters.

Die Frage nach dem Ende dieses Zeitalters war ja die Einleitungsfrage der Jünger am Ende von Kapitel 23. Jesus antwortet darauf. Und das Ende dieses Zeitalters, welches eben mit seiner Rückkehr zu Ende geht, wird nicht kommen, ehe nicht die ganze Welt, alle Völker, das Evangelium gehört haben. Das heißt, ein Strang biblischer Prophetie hat zu tun mit den Nationen. Und das wird ein großes Thema an diesem Wochenende sein: Gottes Herz für die Nationen. Der Zusammenhang zwischen den Nationen und Israel. Und die Rolle der Gemeinde in diesem Zusammenhang.

Der zweite Strang biblischer Prophetie hat mit Israel zu tun. Und wir lesen davon im gleichen Zusammenhang – im Zusammenhang mit den Endzeitreden, die Jesus seinen Jüngern gehalten hat. Am Anfang dieser Passage, im Matthäusevangelium, Kapitel 23, ab Vers 37, heißt es:

„Jerusalem, Jerusalem, die du tötest die Propheten und steinigst, die zu dir gesandt sind! Wie oft habe Ich deine Kinder sammeln wollen, wie eine Henne ihre Küchlein unter die Flügel sammelt, aber ihr habt nicht gewollt! Siehe, euer Haus wird euch öde gelassen werden; denn Ich sage euch: Ihr werdet mich von jetzt an nicht mehr sehen, bis ihr sprecht: Gelobt sei, der da kommt in dem Namen des HERRN!"

Hier nennt Jesus als Voraussetzung für sein abermaliges Erscheinen zwei weitere Kriterien: Erstens spricht er zu den jüdischen Einwohnern Jerusalems. Es muss also ein jüdisches Jerusalem geben bei seiner Rückkehr nach Jerusalem. Das war in den letzten 1.800 Jahren keine Selbstverständlichkeit. Zweitens werden die jüdischen Einwohner Jerusalems Jesus von Herzen als ihren Retter (Joshua = Jeschua = Retter auf Hebräisch) willkommen heißen. „Baruch haba be Shem adonai" ist ein messianischer Gruß. Mit diesem Gruß werden die Einwohner Jerusalems ihren Messias empfangen. Erst dann wird er zurückkommen.

Und dann, das dritte große Thema: Gottes Plan mit der Gemeinde. Der Brief, der am ausführlichsten über Gottes Plan mit der Gemeinde spricht, ist der Brief des Paulus an die Epheser. Dort heißt es in Kapitel 5, ab Vers 25:

„... ihr Männer, liebet eure Frauen, gleichwie auch Christus die Gemeinde geliebt und sich selbst für sie hingegeben hat, auf dass Er sie heilige, nachdem Er sie gereinigt hat durch das Wasserbad im Wort; damit Er sich selbst die Gemeinde herstelle, so dass sie weder Flecken noch Runzel noch etwas Ähnliches habe, sondern dass sie heilig sei ..."

Paulus beschreibt hier das Verhältnis der Gemeinde zu Jesus mit dem Bild der Braut und ihrem Verhältnis zu ihrem ersehnten Bräutigam. Die Brautgemeinde bereitet sich darauf vor, beim „Hochzeitsmahl des Lammes" mit dem Bräutigam – Jesus! – vereint zu werden. Wir sehen: Auch diese Verheißungslinie – die Vision von einem erlösten Gottesvolk – findet seinen Höhepunkt in der Rückkehr des Bräutigams, also dem zweiten Kommen Jesu.

Es ist einer Erwähnung wert, dass Paulus hier ausdrücklich davon spricht, dass die Reinigung der Gemeinde durch das Wort Gottes erfolgt, genauer gesagt durch das „Wasserbad" im Wort. Es ist das Wort Gottes, genauer gesagt das Zusammenwirken des geschriebenen Wortes Gottes mit dem lebendigen Wort Gottes, durch das diese Reinigung der Braut geschieht. Deswegen sind Wochenenden wie diese so wichtig. In einem solchen Rahmen haben wir Zeit, uns tiefer mit dem Wort Gottes zu befassen, als das im Alltag sonst oft der Fall ist.

Und ich gehe davon aus, dass wir an diesem Wochenende durch einen Reinigungsprozess gehen werden. Manche von uns werden das auch als eine Art Läuterung oder Erschütterung empfinden. Wir werden mit Gedanken konfrontiert, die uns neu sein werden. Manche werden Verunsicherung auslösen, Vertrautes in Frage stellen. Durch die Breite der Themen wird wohl jeder von uns mit Gedanken und Einsichten konfrontiert werden, die neu, ungewohnt, vielleicht auch verunsichernd wirken. Aber ich möchte eindringlich versichern: Das Ziel dieses Wochenendes, das Ziel des Herrn ist eine Reinigung, die uns Jesus ähnlicher macht und uns mehr zu dem macht, was wir als seine Gemeinde schon immer sein sollten. Die „Reinigung im Wasserbad des Wortes" befreit uns zunehmend von „Flecken, Runzeln und Makel", von Dingen, die uns anhaften und dem Herrn, dem Bräutigam, nicht gefallen.

Ich möchte euch heute Abend Mut machen, dass ihr, so wie es euch möglich ist, einfach eure Herzen vorbereitet und vorbereiten lasst für die eineinhalb Tage, die wir noch zusammen sind. Zuhause, wenn ihr im Bett liegt, wenn ihr einfach vor dem Herrn meditiert oder in eurer Gebetszeit seid oder im Wort Gottes seid oder wie auch immer. Ich möchte euch einfach abholen, einladen, Mut machen, dass ihr vorbereitet in diese nächsten eineinhalb Tage hineingeht und einfach euer Herz weich macht vor dem Herrn. Dass der Herr eine Sanftmut, eine Weichheit, eine Formbarkeit in euch findet, wenn wir auf Entdeckungsreise gehen und uns mit der Frage auseinandersetzen: Wie hängen diese drei Themen miteinander zusammen? Was sagt die Schrift? Was sagt das prophetische Wort Gottes über die Gemeinde, über die Nationen und über Israel, mit Blick auf das zweite Kommen Jesu?

Ich weiß nicht, wie ihr es empfindet, aber ich denke, den meisten von uns geht es dahingehend ähnlich, dass wir empfinden, dass das zweite Kommen Jesu näher rückt und dass dieses Näherrücken sich auch eher beschleunigt als verlangsamt. In der Wahrnehmung der meisten von uns geschieht diese Beschleunigung mehr auf der Erschütterungsseite als auf der Wiederherstellungsseite. Doch ich hoffe sehr, dass unsere Wahrnehmung des mächtigen Handelns Gottes in unseren Tagen, inmitten der Erschütterungen, stärker wird. Dass Angst und Sorgen immer mehr abnehmen. Dass Dankbarkeit, Hoffnung und Zuversicht stark zunehmen. Weil wir einen großartigen Gott haben. Ein Gott, der in unseren Tagen mit einer Intensität und Dringlichkeit handelt wie seit der Zeit der Apostelgeschichte nicht mehr. Weil wir das Vorrecht haben, von ihm in diese ganz besondere Zeiten hineingesetzt worden zu sein. Das war seine Wahl, seine Entscheidung: Wir leben in „Zeiten der Wiederherstellung"! In Zeiten, in denen Gottes Wiederherstellungshandeln und seine weitergehenden Wiederherstellungsabsichten immer klarer zu Tage treten. Zeiten, in denen sein Geist immer stärker weht und wirkt. Zeiten, in denen die Wiederkunft Jesu mit immer größeren Schritten näher rückt.

Und sein Wille für uns ist, dass wir nicht nur Augenzeugen dieses großartigen Wirkens Gottes in unserer Zeit sind, sondern Teilhaber und Mitwirkende. Dazu möchte dieses Wochenende dienen. In diesem Sinne wünsche ich jedem Einzelnen von euch ganz aufrichtig den Segen Gottes für unsere gemeinsame Zeit.

KAPITEL 2

ISRAEL IN DEN
„ZEITEN DER WIEDERHERSTELLUNG"

Lasst uns zu Beginn dieser zweiten Vortragseinheit die dieser Reihe zugrunde liegende Bibelstelle nochmals lesen. Apostelgeschichte 3,18–21:

„Gott hat aber das, was Er durch den Mund aller Seiner Propheten zuvor verkündigte, dass nämlich Christus leiden müsse, auf diese Weise erfüllt. So tut nun Buße und bekehret euch, dass eure Sünden ausgetilgt werden, damit Zeiten der Erquickung vom Angesicht des HERRN kommen und Er den euch vorherbestimmten Messias Jesus sende, welchen der Himmel aufnehmen muss bis auf die Zeiten der Wiederherstellung alles dessen, wovon Gott durch den Mund Seiner heiligen Propheten von alters her geredet hat."

Nach der Einführung gestern Abend möchte ich heute Vormittag zunächst einiges über Israel sagen. Später kommen wir dann auf die Gemeinde zu sprechen und nachmittags auf die Nationen.

In Vers 18 geht es um die Erfüllung biblischer Verheißungen im Zusammenhang mit dem ersten Kommen Jesu. Alle wesentlichen Geschehnisse im Leben Jesu sind im Alten Testament prophetisch vorhergesagt: sein Geburtsort, die Geburt (von einer Jungfrau), seine Kindheit, sein

Leben, sein Dienst, sein Sterben, die Auferstehung, die Himmelfahrt. Gelehrte haben nachgewiesen, dass es um die 100 alttestamentliche Prophetien gibt, die mit dem ersten Kommen Jesu zu tun haben und die sich buchstäblich erfüllt haben. Eine kleine Auswahl davon wird in den Kirchen gerne um die Weihnachtszeit herum gelesen. Wie wohlvertraut klingen den meisten von uns solche Worte wie: *„Oh Bethlehem, Ephrata, die du bist die Kleinste unter den Städten Judas ..."* Diese Worte klingen romantisch, nostalgisch, weihnachtlich eben – aber ist uns hier noch die radikale Tatsache bewusst, dass Gott durch Menschen präzise Verheißungen über den Messias Jahrhunderte vor ihrem Eintreffen gegeben hat, deren erste Hälfte genauso präzise in Erfüllung gegangen sind? Und diese Stelle ist nur eine von etwa 100!

Und jetzt kommt eine wichtige Aussage: Im Zusammenhang mit dem zweiten Kommen Jesu finden sich in der Bibel noch deutlich mehr prophetische Vorhersagen als im Zusammenhang mit dem ersten Kommen Jesu! Nur ein Beispiel: Allein im Alten Testament kommt der Begriff vom „Tag des Herrn" oder damit verwandte Begriffe (z. B.: Tag der Rache, Tag des Zorns etc.) etwa 80 Mal vor. Dies entspricht der neutestamentlichen Rede von der Wiederkunft Jesu, einem Thema, dem man im Neuen Testament an Dutzenden verschiedenen Stellen in praktisch allen Teilen des Neuen Testaments begegnet. Und das ist nur einer von vielen Aspekten im Zusammenhang mit dem zweiten Kommen Jesu. Mit anderen Worten: Der eine Aspekt der Wiederkunft Jesu alleine, nämlich die Tatsache, dass dieser Tag kommen wird, beinhaltet etwa genauso viele prophetische Aussagen wie alle Aspekte des ersten Kommens Jesu zusammengenommen.

Damit komme ich zurück auf die Stelle von Apostelgeschichte 3,18–21: Vers 18 spricht von der Erfüllung biblischer Prophetie (ca. 100 Verheißungen) im Zusammenhang mit dem ersten Kommen Jesu. Vers 21 („Zeiten der Wiederherstellung ...") spricht von den vielen Hundert biblischen Verheißungen im Zusammenhang mit dem zweiten Kommen Jesu, dessen Vorbereitung, dem Ereignis selbst und dem, was danach kommt. Uns interessiert dabei besonders der Aspekt der Vorbereitung. Beginnen wir dazu mit Gottes Handeln an Israel, wobei wir uns hier, wie auch in den anderen beiden Abschnitten, jeweils nur auf einige wenige Kernaussagen beschränken müssen.

Die physische und geistliche Wiederherstellung Israels

Wenn ich aus der Fülle des Materials im Alten Testament zwei Kapitel herausgreifen müsste, um die endzeitlichen Verheißungen der physischen und geistlichen Wiederherstellung Israels zu dokumentieren, bräuchte ich nicht lange zu überlegen. Es wären Kapitel 31 des Propheten Jeremia und Kapitel 36 des Propheten Hesekiel. Dabei ist wirklich erstaunlich, wie ähnlich sich diese beiden Prophetien dieser ansonsten sehr unterschiedlichen Propheten, die zu unterschiedlichen Zeiten gelebt haben, sind. Beginnen wir bei Jeremia, Kapitel 31, Vers 3ff:

„Von ferne her ist der HERR mir erschienen: Mit ewiger Liebe habe Ich dich geliebt; darum habe Ich dir Meine Gnade so lange bewahrt! ... Ich will dich wiederum bauen, und du sollst gebaut werden, du Jungfrau Israel; wiederum sollst du dich mit deinen Handpauken schmücken und ausziehen in lustigem Reigen. Wiederum wirst du auf den Höhen Samarias Weinberge pflanzen; die sie angelegt haben, sollen sie auch genießen. Denn es kommt ein Tag, da die Wächter auf dem Gebirge Ephraim rufen werden: Auf, lasst uns nach Zion gehen, zum HERRN, unserem Gott! Denn also spricht der HERR: Frohlocket mit Freuden über Jakob und jauchzet über das Haupt der Völker! Verkündet, singt und sprecht: Rette, o HERR, Dein Volk, den Überrest Israels! Siehe, Ich bringe sie vom Mitternachtslande (= Land des Nordens) *herbei und sammle sie von den äußersten Enden der Erde; unter ihnen sind Blinde und Lahme, Schwangere, Gebärende miteinander; eine große Gemeinde! ..."* Vers 10: *„Höret das Wort des HERRN ihr Völker, und verkündigt es auf den fernsten Inseln und sprecht: Der Israel zerstreut hat, der wird es wieder sammeln und wird es dann hüten, wie ein Hirte seine Herde hütet."*

Wir finden hier eine ausführliche Beschreibung der endzeitlichen Rückführung einer großen Anzahl von jüdischen Menschen aus der Zerstreuung zurück in das ihnen von Gott gegebene Land. Die Rückführung geschieht von den fernsten Enden der Erde und von allen vier Himmelsrichtungen. Es ist ein Geschehen, von dem alle Nationen der Erde erfahren sollen: Die Zeit der Zerstreuung ist vorbei! Die Zeit der Sammlung ist gekommen!

Doch das ist noch nicht alles. Dieses äußere Geschehen ist gewaltig und aufsehenerregend. Aber es kommt noch etwas Größeres. Davon lesen wir in der zweiten Hälfte des Kapitels, ab Vers 31:

„Siehe, es kommen Tage, spricht der HERR, da Ich mit dem Hause Israel und mit dem Hause Juda einen neuen Bund schließen werde; nicht wie der Bund, den Ich mit ihren Vätern schloss an dem Tag, da Ich sie bei der Hand ergriff, um sie aus dem Lande Ägypten herauszuführen; denn diesen Bund haben sie gebrochen, und Ich hatte sie mir doch angetraut, spricht der HERR. Sondern das ist der Bund, den Ich mit dem Hause Israel nach jenen Tagen schließen will: Ich will Mein Gesetz in ihr Herz geben und es in ihren Sinn schreiben und will ihr Gott sein, und sie sollen Mein Volk sein; und es wird niemand mehr seinen Nächsten oder seinen Bruder lehren und sagen: »Erkenne den HERRN!«, denn sie sollen Mich alle kennen, vom Kleinsten bis zum Größten, spricht der HERR; denn Ich will ihnen ihre Missetaten vergeben und ihrer Sünden nicht mehr gedenken!"

Mit anderen Worten: Nach der physischen Rückführung und Wiederherstellung Israels folgt die geistliche Wiederherstellung: Die Aufrichtung des Neuen Bundes mit dem Hause Israel!

Und erstaunlicherweise finden wir die gleiche Reihenfolge beim Propheten Hesekiel. In der ersten Hälfte des Kapitels ist wieder von der physischen Wiederherstellung die Rede. Dabei liegt allerdings die Betonung nicht so sehr auf der Sammlung von den Enden der Erde, sondern auf der Wiederbelebung des Landes: Hesekiel 36, ab Vers 6:

„Darum weissage über das Land Israel und sprich zu den Bergen und Hügeln, zu den Gründen und zu den Tälern: So spricht Gott, der HERR: Seht, in Meinem Eifer und in Meinem grimmigen Zorn rede Ich, weil ihr die Schmach der Heiden erlitten habt! Ich hebe Meine Hand auf und schwöre, dass die Nationen, welche um euch her liegen, ihre eigene Schmach tragen sollen! Ihr aber, Berge Israels, lasst euer Laub sprossen und traget eure Frucht für Mein Volk Israel; denn bald sollen sie heimkehren! Denn seht, Ich komme zu euch und wende Mich euch wieder zu, dass ihr angebaut und besät werdet! Ich will viele Menschen auf euch wohnen lassen, das ganze Haus Israel, sie alle;

die Städte sollen wieder bewohnt werden, die Trümmer sollen wieder aufgebaut werden. Ich will Menschen und Vieh bei euch zahlreich machen, und sie werden sich mehren und fruchtbar sein; Ich will euch bevölkern wie ehedem und euch mehr Gutes erweisen als je zuvor, und ihr sollt erfahren, dass Ich der HERR bin!"

Hier lesen wir primär vom Wiederaufbau der ruinierten Städte und Orte, von der Fruchtbarmachung des Landes, von der Vervielfältigung von Mensch und Tier – sozusagen vom internen Geschehen des Wiederherstellungshandelns Gottes an Israel. Die erste Hälfte von Jeremia 31 und Hesekiel 36 zusammen ergeben einen vollständigen Überblick über die weltweite Rückführung des jüdischen Volkes und die Wiederbelebung des Landes.

Aber beide schließen übereinstimmend mit der Vision von der geistlichen Wiederherstellung Israels. In der Fassung des Propheten Hesekiel heißt das wie folgt – ab Vers 24:

„Denn Ich will euch aus den Nationen herausholen und aus allen Ländern sammeln und euch wieder in euer Land bringen. Ich will reines Wasser über euch sprengen, dass ihr rein werdet; von aller eurer Unreinigkeit und von allen euren Götzen will Ich euch reinigen. Und Ich will euch ein neues Herz geben und einen neuen Geist in euch legen; Ich will das steinerne Herz aus eurem Fleisch wegnehmen und euch ein fleischernes Herz geben; Ich will Meinen Geist in euch geben und will solche Leute aus euch machen, die in Meinen Satzungen wandeln und Meine Rechte beobachten und tun."

Mit anderen Worten: Erst die physische Wiederherstellung Israels, dann die geistliche Wiederherstellung Israels!

Wenn doch nur die Gemeinde Jesu insgesamt erkennen könnte, dass wir inmitten dieser Zeiten leben! Dass wir an Israel seit etwa 100 Jahren mit zunehmender Intensität die Erfüllung von Dingen erleben, welche die „Propheten von alters her" vorhergesagt haben. Möge die Gemeinde doch die Augen geöffnet bekommen dafür, dass das Maß an Erfüllung biblischer Prophetie so eindeutig und so gewaltig ist, wie dies seit den Zeiten der Apostelgeschichte nicht mehr der Fall war! Nicht nur an Israel – aber auf jeden Fall auch an Israel. Und dort in besonders eindeutiger

Art und Weise. Aber ein Großteil der Gemeinde ist diesem gewaltigen Geschehen gegenüber verschlossen. Das berührt mich tief, und ich kann nur immer wieder rufen: „Herr, hab Gnade und erbarme Dich über Deine Gemeinde!" So wie Israel eine Decke über ihren Augen hat bezüglich des Messias, scheint mir, dass die Gemeinde eine Decke über ihren Augen hat bezüglich Gottes Liebe und Treue zu Israel.

Die geistliche Wiederherstellung Israels im Neuen Testament

Paulus spricht diese Gefahr des Stolzes und der Verblendung der Gemeinde Jesu gegenüber dem jüdischen Volk deutlich an, wenn er im Römerbrief, Kapitel 11,18, sagt:

„So rühme dich nicht gegenüber den Zweigen. Rühmst du dich aber, so sollst du wissen, dass nicht du die Wurzel trägst, sondern die Wurzel trägt dich."

Mit den abgebrochenen Wurzeln ist der Teil Israels gemeint, der nicht an Jesus als den Messias gläubig geworden ist. In Bezug auf diese sagt Paulus, dass wir nicht hochmütig werden sollen. Wir sollen das kollektive Erbe Israels und das Volk als Ganzes ehren, weil hierin die heilsgeschichtlichen Wurzeln liegen, in die wir eingepfropft sind. Gottes Weg mit ihnen ist noch lange nicht zu Ende, wie Paulus fortfährt zu erklären:

„Denn ich will nicht, meine Brüder, dass euch dieses Geheimnis unbekannt bleibe, damit ihr euch nicht selbst für klug erachtet, dass Israel zum Teil Verstockung widerfahren ist, bis dass die Vollzahl der Heiden eingegangen sein wird, und dann wird ganz Israel errettet werden, wie geschrieben steht: »*Aus Zion wird der Erlöser kommen und die Gottlosigkeit von Jakob abwenden, und das ist Mein Bund mit ihnen, wenn Ich ihre Sünden wegnehmen werde*«*. Nach dem Evangelium zwar sind sie Feinde um euretwillen, nach der Erwählung aber Geliebte um der Väter willen. Denn Gottes Gnadengaben und Berufung sind unwiderruflich. Denn gleichwie auch ihr Gott einst nicht gehorcht habt, nun aber begnadigt worden seid infolge ihres Ungehorsams, so haben auch sie jetzt nicht gehorcht infolge eurer Begnadigung, damit auch sie begnadigt würden. Denn Gott hat alle miteinander in den Unglauben verschlossen, damit Er sich aller erbarme." (Römer 11,25–32)*

Hier greift Paulus die alttestamentlichen Verheißungen bezüglich einer geistlichen Wiederherstellung und Vollendung Israels auf. In Römer 11,27 zitiert Paulus ausdrücklich Jeremia 31,33, die Stelle, die wir gerade erwähnt haben. In Römer 11,26 zitiert er eine Formulierung aus Jesaja 59,20 mit gleicher Zielrichtung. Alttestamentliche und neutestamentliche Prophetie bilden eine Einheit!

Jesus bestätigt die Verheißungen an die Väter Israels

Diese Einheit biblischer Prophetie im Alten wie auch im Neuen Testament in Bezug auf Israel finden wir auch noch an anderen Stellen bestätigt. Lesen wir erst einmal weiter im Römerbrief, Kapitel 15, Vers 8:

„Ich sage aber, dass Jesus Christus ein Diener der Beschneidung geworden ist um der Wahrhaftigkeit Gottes willen und um die Verheißungen an die Väter zu bestätigen."

Jesus kam aus einer Reihe verschiedener Gründe auf die Erde. Paulus sagt uns hier, dass einer der Gründe war, „die Verheißungen an die Väter" zu bestätigen. Mit den Vätern sind hier, wie auch in Römer 11,28, die Erzväter gemeint. In ganz besonderer Weise der Erzvater Israels, Abraham, dem die göttlichen Verheißungen zum ersten Mal gegeben worden sind.

Allein dieser eine Vers, Römer 15,8, genügt, um jede Form von Ersatztheologie ad absurdum zu führen. Vielleicht wissen nicht alle etwas mit dem Begriff „Ersatztheologie" anzufangen. Ich möchte es kurz erläutern: Diese Theologie ist in der Kirchenväterzeit, 2.–4. Jahrhundert nach Christus, entstanden. Im Kern besagt sie: Weil die Juden Jesus abgelehnt haben, hat Jesus die Juden abgelehnt. Gott hat die Juden verworfen und die Gemeinde an die Stelle Israels gesetzt. Israel ist ab sofort, biblisch gesehen, geistlich gesehen, irrelevant.

Aber was sagt Paulus hier? Was sagt er über Jesus? Etwas Gewaltiges: Er sagt, Jesus ist unter anderem gekommen, um die Verheißungen an die Väter zu bestätigen!

Wie verhalten sich Gottes Treue und Gottes Gericht an Israel zueinander?

An dieser Stelle kommt in Gesprächen oft der Einwand, dass ja Paulus und Jesus auch eindeutig Gericht über Israel vorhergesagt haben. Gleichzeitig haben wir gesehen, dass Paulus und Jesus Gottes Treue und Gottes Verheißungen gegenüber Israel aufrechterhalten. Wie passt das zusammen? Was hat es auf sich mit dieser sehr wechselvollen und zerrissenen und widersprüchlichen Geschichte Israels über die vielen Jahrhunderte hinweg? Wie können wir das verstehen? Wie können wir Paulus verstehen? Der sagt ja einerseits, dass Israel verstockt ist, andererseits, dass ganz Israel gerettet werden wird. Wie können wir Jesus verstehen? Auf der einen Seite weint er über Jerusalem und spricht furchtbar tragische Worte über sie aus. Zum Beispiel in Lukas 21,24:

„Und sie werden fallen durch die Schärfe des Schwertes und gefangen weggeführt unter alle Völker, und Jerusalem wird zertreten werden von den Heiden ..."

Andererseits ist er gekommen, um die Verheißungen an die Väter zu bestätigen. Wie passt das zusammen?

Das ist natürlich eine große Frage, über die viele in der Kirchengeschichte nachgedacht haben, auch in jüngerer Zeit. Ich kann die biblische Antwort darauf, soweit ich meine, sie erkannt zu haben, im Rahmen unserer zeitlichen Möglichkeiten nur kurz skizzieren. Doch mag diese Skizze für den einen oder anderen hilfreich sein. Aus meiner Sicht gibt es nämlich zur Beantwortung dieser Frage einen Schlüssel. Der Schlüssel liegt im Verständnis der beiden wichtigsten Bündnisse Gottes mit Israel im Alten Testament: des Abraham-Bundes und des Sinai-Bundes.[1]

Der Abraham-Bund

Der Einstieg in unsere Überlegungen ist die Urverheißung Gottes für das jüdische Volk an Abraham. Wenn Paulus in Römer 11,28 und Jesus gemäß Römer 15,8 von den Vätern sprechen, dann sind damit in dem

---

[1] Harald Eckert, *Gottes Weg mit Israel,* S. 31–57 (Asaph Verlag, D-Lüdenscheid, 2005).

gegebenen Zusammenhang die Erzväter Israels gemeint, Abraham, Isaak und Jakob. Dabei spielt Abraham eine entscheidende Rolle, denn ihm sind die Verheißungen zum ersten Mal gegeben worden. Er glaubte sie, und deshalb ist er der „Vater aller Gläubigen" geworden. Die entscheidende Verheißung, die Urverheißung, lesen wir in 1. Mose 12,1–3:

„Und der HERR sprach zu Abram: Geh aus deinem Vaterland und von deiner Verwandtschaft und aus deines Vaters Hause in ein Land, das Ich dir zeigen will. Und Ich will dich zum großen Volk machen und will dich segnen und dir einen großen Namen machen, und du sollst ein Segen sein. Ich will segnen, die dich segnen, und verfluchen, die dich verfluchen; und in dir sollen gesegnet werden alle Geschlechter auf Erden."

Wenn man die Verheißungen Gottes an Abraham aufschlüsselt, dann findet man konkret drei Verheißungen ausgesprochen: 1. Abraham wird Vater eines großen Volkes sein. 2. Abraham und seine Nachkommen werden ein bestimmtes Land in Besitz nehmen. 3. Abraham und seine Nachkommen haben eine einzigartige Berufung, nämlich ein Segen für alle Völker zu sein. Das ist die Urberufung Abrahams. Und diese Urberufung Abrahams wurde von Gott in einer ganz speziellen Weise versiegelt, verschlossen, bestätigt, bekräftigt: durch den sogenannten Abraham-Bund, den Gott mit Abraham geschlossen hat (1. Mose 15,18):

„An dem Tage schloss der HERR einen Bund mit Abram ..."

Die Art und Weise des Bundesschlusses ist sehr bemerkenswert. Ich möchte ihn kurz nachzeichnen – ihr könnt es selbst in 1. Mose 15 nachlesen. Gott beauftragte Abram zu einem Kultgang, einem Opfergang. Eine Zeremonie, die damals durchaus üblich war, z. B. wenn zwei Herrscher, wenn zwei Clan- oder Sippenführer, miteinander einen Bund schlossen. Dieser Bund war gültig, solange die beiden ausführenden Leiter lebten, und wurde üblicherweise in Zeiten von Gefahr, von Naturkatastrophen, von kriegerischer Bedrohung von außen oder sonst irgendwelchen Bedrängnissen, Seuchen oder anderen Gefahren geschlossen. Der Bundesschluss erfolgte dadurch, dass die beiden Führer einen solchen „Gang" aufgebaut haben und dann durch diesen Gang hindurchgegangen sind. Damit drückten sie aus: „Alles, was mein ist, ist dein, und alles, was dein ist, ist mein." Und genau das hat Gott Abram angetragen, einen solchen Bundesschluss vorzubereiten.

Abram gehorchte und alles war bereit. Doch dann geschah etwas sehr Eigenartiges: Sobald der Moment des Bundesschlusses gekommen war, *„fiel ein tiefer Schlaf auf Abram"* (1. Mose 15,12). In diesen Zustand hinein sprach Gott weitreichende, prophetische Dinge zu Abram. Gott seinerseits manifestierte sich für diesen Bundesschluss als *„ein rauchender Ofen, und eine Feuerflamme fuhr zwischen den Stücken hin"* (1. Mose 15,17).

Und jetzt kommt der entscheidende Punkt: Wer hat diesen Bund geschlossen? Den Bund, mit dem die Verheißungen von 1. Mose 12,1–3 bestätigt, ja, für alle Zeit besiegelt worden sind? Die drei Verheißungen in Bezug auf Nachkommenschaft, Land und Berufung? Es war Gott – und Gott allein! Abraham ist niemals durch diesen Gang hindurchgegangen!

Das ist äußerst bedeutsam. Es bedeutet nämlich, dass dieser Bundesschluss, dieser Abraham-Bund, ein einseitiger, allein auf Gott gegründeter, ein ewiger, unkündbarer Bund ist. Der Bund gilt, solange Gott lebt, er wird erst aufgelöst, wenn Gott stirbt oder *„wenn Tag und Nacht vergehen"*, wie es bei Jeremia heißt (Jeremia 33,24–26). Mit anderen Worten: Der Abraham-Bund ist ein bedingungsloser Gnadenbund Gottes mit Israel. Er hängt nicht vom Wohlverhalten oder Fehlverhalten Abrahams oder seiner Nachkommen ab. Es ist auf der Grundlage dieses Bundes, dass Paulus in Römer 11,28–29 sagen konnte:

„Im Blick auf das Evangelium sind sie zwar Feinde um euretwillen; aber im Blick auf die Erwählung sind sie Geliebte um der Väter willen. Denn Gottes Gaben und Berufung können ihn nicht gereuen."

Obwohl das jüdische Volk das denkbar größte Versagen erlebt hat, indem es den Tag und die Stunde seiner Heimsuchung so nicht erkannte, indem sie den Messias nicht erkannten und ihn ablehnten, indem sie das Evangelium mehrheitlich ablehnten, ... – obwohl dem alles so ist, sagt Paulus: Das Volk Israel bleibt Gottes Geliebte um der Väter willen, um der Erzväter willen, ganz besonders um Abrahams willen, denn seine Berufung, seine Gnadengabe, sein Gnadenbund mit dem jüdischen Volk gereut ihn nicht.

Gott ist treu gegenüber seinem eigenen Bund. Er ist treu gegenüber seinem eigenen Volk. Und das jüdische Volk, in diesem Sinn, kann machen, was es will, Gott lässt es nicht fallen, Gott lässt es nicht los. Gott wird das, was er mit dem jüdischen Volk angefangen hat, zum Ziel bringen. Gott selbst steht dafür gerade mit seinem Namen, mit seiner Integrität, mit seiner Glaubwürdigkeit, mit seiner Kraft. Und wenn er nicht zu Ende bringt, was er angefangen hat mit dem jüdischen Volk, eingeschlossen in einem Bund, einem ewigen und einseitigen Gnadenbund, dem Abraham-Bund, dann verliert Gott seine Glaubwürdigkeit. So tief geht die ganze Sache.

Der Sinai-Bund

Wie passt diese Seite der Medaille nun zusammen mit Gericht, mit dem Leid, mit der Not des jüdischen Volkes? Das wiederum hat zu tun mit dem zweiten Bund, den Gott und das jüdische Volk miteinander geschlossen haben, dem Sinai-Bund. Der Sinai-Bund wurde unter Moses in der Wüste Sinai geschlossen; er ist von einem ganz anderen Charakter als der Abraham-Bund. Dieser Unterschied wird weithin nicht wahrgenommen und sorgt deshalb für viel Verwirrung.

Den Sinai-Bund gibt es eigentlich in zweifacher Fassung; er wurde einmal mit der ersten Generation der Kinder Israels geschlossen, kurz nachdem sie aus Ägypten herauskamen. Dann nochmals 40 Jahre später mit der nachfolgenden Generation, nachdem die erste Generation ausgestorben war. Inhaltlich sind sie praktisch gleich. Wir lesen nun einen Auszug aus dem Bundesschluss in der zweiten Fassung, am Ende von Deuteronomium, dem 5. Buch Mose. Der Höhepunkt dieses Bundesschlusses ist das Kapitel über Segen und Fluch, 5. Mose 28.

Sinngemäß heißt es in der Vorgeschichte zu 5. Mose 28: „Kinder Israels, ich, der Herr, lege euch heute vor Segen oder Fluch. Ihr habt die Wahl." Und weiter sagt Gott dort (Verse 1 und 2):

„Wenn du nun der Stimme des HERRN, deines Gottes, gehorchen wirst, dass du hältst und tust alle Seine Gebote, die ich dir heute gebiete, so wird dich der HERR, dein Gott, zum höchsten über alle Völker auf Erden machen, und weil du der Stimme des HERRN, deines Gottes, gehorsam gewesen bist, werden über dich kommen und dir zuteil werden alle diese Segnungen: ..."

Es folgt eine Aufzählung von Segensverheißungen Gottes, wunderschöne Segnungen auf der Grundlage von Vertrauen und Gehorsam. Bis zu Vers 15, dort ändert sich die Perspektive:

„Wenn du aber nicht gehorchen wirst der Stimme des HERRN, deines Gottes, und wirst nicht halten und tun alle Seine Gebote und Rechte, die ich dir heute gebiete, so werden alle diese Flüche über dich kommen und dich treffen: ..."

Danach folgen über 50 Verse Gerichtsankündigungen Gottes über das jüdische Volk auf der Basis von Misstrauen und Ungehorsam gegenüber Gott und seinem Wort. Und wenn man es etwas genauer anschaut, dann steigern sich diese Gerichte in ihrer Intensität und in ihrer katastrophalen Auswirkung. Am Ende, ab Vers 63, kommt der tragische Höhepunkt: Von da an ist von der weltweiten Zerstreuung des jüdischen Volkes die Rede, von der Angst, von der Not, von der Scham und von der Bedrängnis, die es erleben wird, wenn es unter alle Völker zerstreut sein wird:

„Denn der HERR wird dich zerstreuen unter alle Völker von einem Ende der Erde bis ans andere, und du wirst dort andern Göttern dienen, die du nicht kennst noch deine Väter: Holz und Steinen. Dazu wirst du unter jenen Völkern keine Ruhe haben, und deine Füße werden keine Ruhestatt finden. Denn der HERR wird dir dort ein bebendes Herz geben und erlöschende Augen und eine verzagende Seele ..."

Übrigens: Genau an diese Gerichtsankündigung aus dem Sinai-Bund knüpft Jesus an, wenn er in Lukas 21,24 prophetisch vorhersagt:

„Und sie werden fallen durch die Schärfe des Schwertes und gefangen weggeführt unter alle Völker ..."

Die weltweite Diaspora, die Zerstreuung des jüdischen Volkes bis an die fernsten Enden der Erde, das ist das tragischste Gericht Gottes über das jüdische Volk. So hat es Mose vorhergesagt. So hat es Jesus bestätigt. So ist es geschehen.

In der Wahl, die Gott den Kindern Israels vorgelegt hat, sagte er ihnen sinngemäß: „Meine Kinder, mein Volk, ihr habt die Wahl, ihr könnt euch gegen diesen Bund entscheiden, dann seid ihr wie alle anderen Völker. Aber wenn ihr euch für diesen Bund entscheidet, dann seid ihr mein Volk und dann müsst ihr euch nach dem richten, was mir wichtig ist und was ich für euch als richtig erachte. Und wenn ihr das tut, werde ich euch segnen bis über beide Ohren, aber wenn ihr das nicht tut, dann muss ich euch in eine Erziehung nehmen, dann muss ich euch in eine harte Schule nehmen."

Ich möchte hier die Frage dazwischenschieben: Warum? Warum diese harte Schule? Warum so viel Leid und Not? Nur aus einem Grund: „Weil ich euch liebe, weil ich einen ewigen Gnadenbund mit euch geschlossen habe und weil ich mein Ziel mit euch erreichen will." Und mehrheitlich über die letzten drei bis vier Jahrtausende haben wir erlebt, wie Gott Israel durch eine harte Schule genommen hat. Vor allem in den letzten 2.000 Jahren, als sich die Gerichtsankündigungen von 5. Mose 28,64ff – durch Jesus bestätigt, z. B. in Lukas 21,24 – wortwörtlich und auf erschütternde Weise erfüllten, namentlich in der weltweiten Zerstreuung des jüdischen Volkes unter alle Völker und allem damit verbundenen Leid.

Was genau ist der Alte Bund?

Ich möchte an dieser Stelle eine entscheidende Frage stellen: Was genau ist der Alte Bund? Ist es der Abraham-Bund? Ist es der Sinai-Bund? Sind es beide Bündnisse? Welcher Bund oder welche Bündnisse werden demnach durch den Neuen Bund ersetzt? Auf diese Frage gibt es biblisch nur eine Antwort: Der Sinai-Bund ist der Alte Bund. Der Abraham-Bund ist es nicht.

Zur Begründung möchte ich nochmals auf die Ankündigung des Neuen Bundes beim Propheten Jeremia zurückkommen, Kapitel 31, ab Vers 31:

„Siehe, es kommt die Zeit, spricht der HERR, da will Ich mit dem Hause Israel und mit dem Hause Juda einen neuen Bund schließen, nicht wie der Bund gewesen ist, den Ich mit ihren Vätern schloss, als Ich sie bei der Hand nahm, um sie aus Ägyptenland zu führen, ein Bund, den sie nicht gehalten haben, ob Ich gleich ihr Herr war, spricht der HERR; sondern das soll der Bund sein, den Ich mit dem Hause Israel schließen will nach dieser Zeit, spricht der HERR: Ich will Mein

Gesetz in ihr Herz geben und in ihren Sinn schreiben, und sie sollen Mein Volk sein und Ich will ihr Gott sein."

Wir sehen: Der Alte Bund ist der Bundesschluss im Zusammenhang mit dem Exodusgeschehen. Der Sinai-Bund. Nicht der Abraham-Bund. Dies wird im Neuen Testament an mehreren Stellen bestätigt. Zum Beispiel im Hebräerbrief, der sich sehr ausführlich mit dem Zusammenhang zwischen der alttestamentlichen und der neutestamentlichen Offenbarung auseinandersetzt. Hierzu knüpft der Autor des Hebräerbriefes an wesentlicher Stelle genau an Jeremia 31,31ff an, wenn er in Bezug auf Jesus schreibt (Hebräer 8,6–9):

„Nun aber hat Er ein höheres Amt empfangen, wie Er ja auch der Mittler eines besseren Bundes ist, der auf bessere Verheißungen gegründet ist. Denn wenn der erste Bund untadelig gewesen wäre, würde nicht Raum für einen andern gesucht. Denn Gott tadelt sie und sagt (Jeremia 31,31–34): »Siehe, es kommen Tage, spricht der HERR, da will Ich mit dem Haus Israel und mit dem Haus Juda einen neuen Bund schließen, nicht wie der Bund gewesen ist, den Ich mit ihren Vätern schloss an dem Tage, als Ich sie bei der Hand nahm, um sie aus Ägyptenland zu führen ..."

Der erste Bund ist der Alte Bund. Und dieser ist der Sinai-Bund. Der Abraham-Bund ist nicht veraltet. Dieser ist ein ewiger, unkündbarer Bund, ein Gnadenbund, der nicht am Wohlverhalten oder Fehlverhalten Israels hängt, sondern allein an Gott und seiner Fähigkeit, seine in diesem Bund versiegelten Verheißungen zum Ziel zu bringen. Der Sinai-Bund ist der Bund, der durch den Jesus-Bund, durch den Neuen Bund, ersetzt wird, von dem die Rede in Jeremia 31 und in Hesekiel 36 ist und an anderen Stellen, auch im Römerbrief, Kapitel 11, ab Vers 25. Jesus bezieht sich auf diese beiden Bündnisse. Paulus bezieht sich auf diese Bündnisse. Jesus ist gekommen, um die Verheißungen an den Vätern zu bestätigen. Diese Verheißungen (Römer 15,8), diese Gnadengaben und Berufungen (Römer 11,28) sind unwiderruflich, sie sind ewig gültig, sie können nicht erschüttert werden, sie können nicht in Frage gestellt werden, das ist versiegelt in Gott selbst, garantiert von Gott selbst.

Gleichzeitig weint Jesus über Jerusalem und gleichzeitig kündigt Jesus heftiges Gericht an, in gleicher Weise, wie die Propheten im Alten Testament immer wieder heftiges Gericht angekündigt haben. Jesus steht in einer Linie mit den alttestamentlichen Propheten, Paulus steht in einer Linie mit den alttestamentlichen Propheten in Bezug auf Gericht, aber auch in Bezug auf die letztendlichen Gnadenabsichten und Gnadenverheißungen Gottes. Die Bücher Mose, die alttestamentlichen Propheten, Jesus, Paulus – hier liegt eine einheitliche Offenbarungslinie vor, ein schlüssiges Gesamtbild.

Die prophetisch vorhergesagte Wiederherstellung Israels

Wenn man den Abraham-Bund und den Sinai-Bund versteht, dann versteht man die Quintessenz, die Substanz biblischer Prophetie in Bezug auf Israel. Bei den alttestamentlichen Propheten lesen wir immer beides: Es wird Gericht über Israel vorhergesagt, es gibt aber keinen Propheten, der nicht – und wenn nur kurz – auch die Schicksalswende Israels ankündigt. Und genau daran knüpfen Jesus und Paulus an.

Gehen wir nochmals zurück auf die Prophetie Jesu in Lukas 21,24. Wir lasen diese zuvor schon – aber nicht vollständig. Diesmal lesen wir den ganzen Vers:

> *„... und sie werden fallen durch die Schärfe des Schwertes und gefangen weggeführt unter alle Völker, und Jerusalem wird zertreten werden von den Heiden ..."*

So weit haben wir zuvor schon gelesen. Und inzwischen verstehen wir viel besser, wie eng sich Jesus hier prophetisch an die Aussage von 5. Mose 28, Vers 65, anlehnt. Aber hier ist der Satz noch nicht zu Ende. Ganz im Einklang mit allen alttestamentlichen Propheten schließt Jesus noch eine Heilsverheißung an:

> *„... bis die Zeiten der Heiden erfüllt sind."*

Mose selbst kündigt diese Schicksalswende an, nur einen kurzen Abschnitt nach den Gerichtsverheißungen von 5. Mose 28,64ff. Wir lesen aus 5. Mose 30,4–6:

> *„Wenn du bis ans Ende des Himmels verstoßen wärst, so wird dich doch der HERR, dein Gott, von dort sammeln und dich von dort holen und wird dich in das Land bringen, das deine Väter besessen haben, und du wirst es einnehmen, und Er wird dir Gutes tun und dich zahlreicher machen, als deine Väter waren. Und der HERR, dein Gott, wird dein Herz beschneiden und das Herz deiner Nachkommen, damit du den HERRN, deinen Gott, liebst von ganzem Herzen und von ganzer Seele, auf dass du am Leben bleibst."*

Nach der Zeit der weltweiten Zerstreuung wird eine Zeit kommen, in der sich das Schicksal des jüdischen Volkes wieder ändern wird. Das jüdische Volk wird gesammelt werden von den fernsten Enden der Erde. Sie kommen zurück in ihr Land, und das Land wird unter ihnen wieder aufblühen. „Zeiten der Wiederherstellung." Und der Höhepunkt des Wiederherstellungshandelns Gottes an Israel wird die Beschneidung der Herzen sein. So sah es Mose, so sahen es die Propheten, so sah es Jesus, so sah es Paulus. Und die Gemeinde Jesu?

Die Wiederherstellung Jerusalems

Dieses prophetische „bis", das Jesus in Bezug auf Jerusalem ausspricht, knüpft also ebenfalls an alttestamentliche Verheißungen an. Beides sehen wir bei Jesus selbst. Als Prophet spricht er über die Zukunft, und er spricht über eine Zeit des Gerichts. Gericht in Form der Zerstörung Jerusalems, Gericht in Form der Zerstreuung unter alle Völker, Gericht in der Form, dass nichtjüdische Mächte, Heidenvölker, über Jerusalem herrschen werden und in diesem Zeitabschnitt Jerusalem demütigen werden. Aber Jesus weist darauf hin, dass es sich um eine begrenzte Zeit handeln wird. Jesus sagt **„bis"** – bis dieser Zeitabschnitt, den Gott festgesetzt hat, zu Ende sein wird. Ein Zeitabschnitt, in dem er den Heidenvölkern die Demütigung, Erniedrigung und Vergewaltigung Jerusalems erlaubt – dieser Zeitabschnitt wird irgendwann wieder zu Ende gehen.

Und, liebe Geschwister, die Erfüllung dieses Zeitabschnittes erlebten die etwas Älteren unter uns mit eigenen Augen und Ohren: Die erste Hälfte Jerusalems kommt im Mai 1948 unter jüdische Hoheit. Die zweite Hälfte Jerusalems kommt im Juni 1967 unter jüdische Hoheit. Die „Zeit der Heiden", der Oberhoheit nichtjüdischer Völker über Jerusalem, nähert sich ihrem Ende. Jerusalem ist wieder jüdisch. Mit einer Ausnahme: Der Tempelberg ist nicht voll unter jüdischer Souveränität. Er steht unter einer Art geteilter Souveränität, teilweise jüdisch, teilweise moslemisch. Und dieses kleine Fleckchen Erde, der Tempelberg, wird bis auf weiteres der geistliche und auch der militärische Brennpunkt bleiben, bis Jesus wiederkommen wird. Über diesen Konflikt werden wir später noch mehr hören.

Was Jerusalem betrifft, möchte ich mit dem Gedanken schließen, dass es auch hier neben der physischen, wenn man so will politischen Wiederherstellung, auch eine geistliche Wiederherstellung geben wird.

Jesus sagt dies – ebenfalls im Zusammenhang mit seinen Endzeitreden – deutlich voraus:

„Jerusalem, Jerusalem, die du tötest die Propheten und steinigst, die zu dir gesandt sind! Wie oft habe Ich deine Kinder versammeln wollen, wie eine Henne ihre Küken versammelt unter ihre Flügel; und ihr habt nicht gewollt! Siehe, »euer Haus soll euch wüst gelassen werden« (Jeremia 22,5; Psalm 69,26). Denn Ich sage euch: Ihr werdet Mich von jetzt an nicht sehen, bis ihr sprecht: Gelobt sei, der da kommt im Namen des HERRN!"

Schon wieder spricht Jesus ein solches prophetisches „bis" aus. Zuerst kündigt er erneut Gericht an: Jerusalem soll wüst und öde sein. Aber wiederum nur zeitlich begrenzt. Wieder ist eine Zeitenwende angekündigt. Aber dieses Mal mit der Priorität auf der geistlichen Wiederherstellung: Die Einwohner Jerusalems werden Jesus nicht wiedersehen – d. h. Jesus wird nicht zurückkommen –, bis sie sprechen: „Gesegnet sei, der da kommt in dem Namen des Herrn." Mit anderen Worten: bis sie Jesus als ihren Messias von Herzen willkommen heißen.

Wir kommen nun langsam zum Abschluss dieser Einheit. Um das Bild einigermaßen zu vervollständigen, möchte ich noch auf zwei Aspekte eingehen: Der endzeitliche Kampf um Jerusalem, wie wir ihn vor allem von dem Propheten Sacharja vermittelt bekommen, und ein Hinweis auf das neue Jerusalem, wie wir es im Buch der Offenbarung lesen.

Jesu Wiederkehr – im Alten Testament vorhergesagt

Die Kapitel 12 bis 14 des Propheten Sacharja sind meines Erachtens als eine Einheit zu betrachten. Und gemeinsam geben sie prophetische Auskunft über endzeitliche Geschehnisse. Diese drei Kapitel beleuchten verschiedene Aspekte eines großen Dramas, eines endzeitlichen Szenarios, auf das wir mit großen Schritten zugehen.

Für die zeitliche Zuordnung beginne ich im Schlussteil dieser drei Kapitel mit Kapitel 14, Vers 4. Da lesen wir:

„Und Seine Füße werden an jenem Tage auf dem Ölberg stehen, der von Jerusalem aus gesehen gegen Osten liegt."

Ich weiß nicht, wem diese Bibelstelle vertraut ist. Als ich sie zum ersten Mal gelesen habe, vor vielen Jahren, da bin ich fast vom Stuhl gefallen. Es war für mich ein Schlüsselerlebnis, so konkret im Alten Testament von dem zweiten Kommen Jesu zu lesen. So präzise: Die Füße des Retters und Königs Israels und Erlösers der Welt werden auf dem Ölberg stehen. Kein geistlicher Ölberg, sondern ein physischer. Östlich vom keinem geistlichen Jerusalem, sondern einem physischen. Genau der Ölberg, auf dem wir heute spazieren gehen können. Davon haben die beiden Engel ja in Apostelgeschichte Kapitel 1 bei Jesu Himmelfahrt gesprochen (Verse 10–12):

„Und als sie Ihm nachsahen, wie Er gen Himmel fuhr, siehe, da standen bei ihnen zwei Männer in weißen Gewändern. Die sagten: Ihr Männer von Galiläa, was steht ihr da und seht zum Himmel? Dieser Jesus, der von euch weg gen Himmel aufgenommen wurde, wird so wiederkommen, wie ihr Ihn habt gen Himmel fahren sehen. Da kehrten sie nach Jerusalem zurück von dem Berg, der heißt Ölberg und liegt nahe bei Jerusalem, einen Sabbatweg entfernt."

In welche Situation hinein kommt Jesus nun auf den Ölberg zurück? Das finden wir in den Kapiteln 12 und 13 geschildert.

Der endzeitliche Kampf um Jerusalem

In Kapitel 12 und am Anfang von Kapitel 14 lesen wird davon, dass die Wiederkunft Jesu im Zusammenhang mit dem endzeitlichen Kampf um Jerusalem steht. In Sacharja 12, 2–3 heißt es:

„Siehe, Ich mache Jerusalem zum Taumelkelch für alle Völker ringsum, und auch gegen Juda wird es gehen bei der Belagerung Jerusalems. Und es soll geschehen an jenem Tage, dass Ich Jerusalem zu einem Laststein mache für alle Völker; und alle, die ihn heben wollen, werden sich daran wund reißen; und alle Nationen der Erde werden sich gegen Jerusalem versammeln."

Der hier prophetisch vorhergesagte Konflikt spricht für mein Dafürhalten von der Zeit und Generation, in der wir leben. Es lohnt sich deshalb, diese beiden Verse etwas genauer anzusehen, weil sie ein Licht werfen auf ganz aktuelle Entwicklungen im Nahen Osten und in der heutigen Welt.

In beiden Versen ist von Jerusalem die Rede. Und von einem Konflikt um Jerusalem. So weit sind sie sich ähnlich. Aber an zwei wesentlichen Punkten unterscheiden sie sich voneinander: In Vers 2 geht es um „alle Völker ringsumher". Und Jerusalem wird mit dem Bild des Taumelkelches umschrieben. In Vers 3 geht es dann um „alle Nationen der Erde". Und Jerusalem wird als ein „Laststein" umschrieben.

Diese prophetische Bildsprache trifft meines Erachtens exakt das gegenwärtige Nahost-Problem – und deutet es aus göttlicher Perspektive. Der Taumelkelch steht für einen mit Wein und Drogen gefüllten Kelch. Wer aus diesem trinkt, gerät außer sich. Er wird unzurechnungsfähig, unberechenbar, schier wahnsinnig. Dies beschreibt exakt den Zustand, in dem sich die moslemischen Nachbarvölker mehrheitlich befinden angesichts der Tatsache, dass Jerusalem weithin wieder unter jüdische Souveränität gekommen ist.

Woraufhin deutet nun der Begriff des „Laststeines" in Vers 3? In der Antike hat man mit Steinen Grenzen markiert. Gott hat in Jerusalem für die Menschheit einen Grenzstein gesetzt: Hier ist das Zentrum der Welt, die „Stadt des großen Königs", wie es in Psalm 48,3 heißt, der königliche, priesterliche und prophetische Mittelpunkt der Welt. Aber die Völker dieser Welt wollen diesen Grenzstein versetzen. Sie weisen Gottes Status zurück und wollen Jerusalem einen eigenen Status verleihen, wobei man sich noch nicht einig ist, welchen. Die katholische Kirche hat dazu eine Vorstellung, die Moslems haben eine andere und die Vereinten Nationen nochmals eine andere. Aber alle sind sich einig, dass Jerusalem nicht jüdisch sein darf. Sie wollen den Grenzstein versetzen, wenn nötig mit militärischen Mitteln. Sie werden sich daran wund reiben. Gott selbst wird einschreiten. Davon lesen wir in Vers 9:

> *„Und es soll geschehen, an jenem Tage, dass Ich trachten werde, alle Nationen zu vertilgen, die gegen Jerusalem gekommen sind."*

Die endzeitliche geistliche Erweckung in Israel

Inmitten dieses Konfliktes zwischen Israel und den Völkern, die Jerusalem ihrer jüdischen Identität berauben wollen, passiert dann etwas Außergewöhnliches: eine Ausgießung des Heiligen Geistes. Ähnlich wie zu Pfingsten – aber noch gewaltiger. Noch umfassender. Es passiert das, von dem Paulus in Römer 11,26 gesprochen hat: „Ganz Israel wird gerettet werden." Lesen wir selbst in Vers 10:

> *„Über das Haus David und über die Einwohner von Jerusalem will Ich ausgießen den Geist der Gnade und den Geist des Gebets, und sie werden auf Mich sehen, spricht der HERR, den sie durchstochen haben."*

Inmitten dieses Konfliktes, in einer Zeit höchster Bedrängnis und Not, wird über ganz Israel ein Geist des Gebets ausgegossen werden. Sie werden sich zu ihrem Gott ausstrecken, wie sie das nie vorher getan haben. Ein Geist der Gnade, ein Geist des Gebets, eine Ausgießung des Heiligen Geistes. Offenbarung wird geschenkt werden. Die sprichwörtliche „Decke" wird ihnen von den Augen genommen werden. Und sie werden den erkennen, den sie durchstochen haben. Jesus. Ihren Jesus. Ihren Messias.

Sie werden schockiert sein, zutiefst erschüttert. Es wird sein wie bei den Brüdern Josefs, als sie in einem Moment erkannten, dass dieser fremde, bedrohliche, scheinbar so willkürliche Herrscher Ägyptens ihr Fleisch und Blut war. Ihr eigener Bruder. Es wird sein wie zu Pfingsten, als die 3.000 jüdischen Menschen in einem Moment verstanden, dass der, den sie ausgeliefert hatten, in der Tat der verheißene Messias war. Es ging ihnen wie ein Stich durchs Herz (Apostelgeschichte 2,37). So eine Art von Erschütterung wird durch ganz Israel gehen (Sacharja 12,11):

> *„Zu der Zeit wird große Klage sein in Jerusalem, wie die um Hadad-Rimmon in der Ebene von Megiddo war."*

Über das ganze Volk Israel wird ein Geist des Klagens, der Erschütterung und der Buße kommen. Sie werden ihre Herzen zerreißen, weil ihnen in einem Moment bewusst wird, wer Jesus (Hebr.: Jeschua) ist. Wer er für sie ist. Welche Liebe er für sie hat. Welche Geduld er mit ihnen hat. Welche Gnade. Und während sie von tiefstem Herzen Buße tun, passiert laut Sacharja 13,1 Folgendes:

> *„Zu der Zeit werden das Haus David und die Bürger Jerusalems einen offenen Quell haben gegen Sünde und Befleckung."*

Inmitten dieser Buße wird ihnen eine Quelle der Reinigung aufgetan. Eine Quelle der Vergebung und der Erlösung. Die gleiche Quelle, die uns gereinigt hat von unseren Sünden und unserem mannigfaltigen Versagen: Das Blut des makellosen Opferlammes, das für sie geschlachtet wurde: das Blut Jesu.

Dieser Prozess der Reinigung wird in Kapitel 13 näher geschildert. Nicht jeder Einzelne öffnet sich dafür. Vor allem einige der Leiter haben ihre Mühe damit. Aber wie dem im Einzelnen auch sei, am Ende ist „ganz Israel" gerettet: Eine nationale Erweckung, eine kollektive Erlösung, oder wie es der Prophet Hesekiel beschrieb, als er die Aussagen des schon erwähnten Kapitels 36 in prophetischer Bildsprache in Kapitel 37,10 nochmals mit anderen Worten ausdrückte: *„Da kam der Geist auf sie und sie wurden wieder lebendig ..."* Die geistliche Wiederherstellung Israels erlebt ihren Höhepunkt – auf jeden Fall, was den Zeitabschnitt vor dem zweiten Kommen Jesu betrifft.

In Kapitel 14 wird zunächst geschildert, wie trotz und inmitten dieser nationalen Erweckung der militärische Kampf um Jerusalem weiter tobt. Halb Jerusalem ist besetzt. Der Kampf scheint verloren. Und dann greift

Jesus selbst ein. Indem er seine Füße auf den Ölberg setzt. Indem er die Feinde Israels vernichtet und das messianische Königreich aufrichtet. Davon ist im weiteren Verlauf von Kapitel 14 die Rede.

Und wir leben in diesen Zeiten, liebe Freunde, in denen diese Prozesse mit einer großen Dynamik voranschreiten. Wir leben in den „Zeiten der Wiederherstellung" Israels. In den Zeiten der Rückkehr des jüdischen Volkes aus allen vier Enden der Erde. In den Zeiten der Wiederaufforstung und dem Wiederaufbau des Landes. Immer größere Teile Israels beginnen zu blühen und gedeihen, weil Gott es so vorhergesagt hat und weil Segen mit diesem Volk ist.

Die Städte werden wieder aufgebaut, Trümmer der Vorzeit, die über Generationen hinweg brach lagen, werden wieder aufgebaut. Und wir leben in den Zeiten, in denen Gott die Herzen des jüdischen Volkes zubereitet auf den großen Tag seiner Wiederkunft hin. Auf den Tag hin, da sie den erkennen, den sie durchbohrt haben und ihm entgegenrufen: „Gesegnet sei, der da kommt in dem Namen des Herrn!" Eine Vorhut dieses Ereignisses lebt schon jetzt unter uns. Ich meine die messianischen Geschwister, die messianischen Juden, die an Jeschua, an Jesus, glauben.

Wir leben in diesen Zeiten, liebe Freunde. Was für ein Vorrecht! Was für eine Verantwortung!

Die Einheit biblischer Prophetie im Alten und Neuen Testament

Ich komme nun zum Schluss. Es gibt eigentlich zwei Dinge, die ich mit dieser Botschaft unterstreichen möchte: Das eine ist die Einheit biblischer Prophetie. Das zweite ist die Relevanz biblischer Prophetie für unsere Zeit.

Was die Einheit der Schrift, insbesondere der prophetischen Schriften betrifft, können wir dies besonders gut an Israel sehen. Aber es beschränkt sich nicht nur darauf, wie noch deutlich werden wird. Was Israel betrifft, zieht sich ein roter Faden von 1. Mose 12 über die fünf Bücher Mose, die Propheten des Alten Testaments, über Jesus und Paulus bis hin in das Buch der Offenbarung, wie wir gleich sehen werden. Hinter der so komplexen und widersprüchlichen Geschichte mit Israel steht ein göttlicher Plan. Ja, mehr noch: Gott als Person mit einer unendlichen Liebe und Geduld, mit schier unerschöpflichem Erbarmen. Erbarmen, von dem auch Paulus an markanter Stelle, am Ende von Römer 11, als sein letztendliches Fazit von Gottes Weg mit Israel und den Völkern zum Ausdruck brachte:

„Denn Gott hat alle eingeschlossen in den Ungehorsam, damit Er sich aller erbarme." (Römer 11,32)

Und dieses Ziel Gottes mit Israel und den Völkern finden wir in wunderbarer Weise am Ende der Bibel zum Ausdruck gebracht, im Buch der Offenbarung, im vorletzten Kapitel, dem Kapitel 21. Dort ist vom neuen Himmel und von der neuen Erde die Rede, vom neuen Jerusalem, von der Braut des Lammes, geschmückt für den Tag der großen Hochzeit.

„Und ich sah einen neuen Himmel und eine neue Erde; denn der erste Himmel und die erste Erde sind vergangen, und das Meer ist nicht mehr. Und ich sah die heilige Stadt, das neue Jerusalem, aus dem Himmel herabsteigen von Gott, zubereitet wie eine für ihren Mann geschmückte Braut."

Seht ihr, die biblische, prophetische Bildsprache vermischt sich hier auf eigenartige Weise. Aber was wir vom neuen Jerusalem lesen, das gilt für die Braut, und was wir von der Braut lesen, das gilt für das neue Jerusalem. Es sind verschiedene Bilder für ein und dieselbe Sache. Die Rede ist von uns, von dem erlösten Gottesvolk. Dem erlösten Gottesvolk aus Juden und Nichtjuden, wie in den Versen 12 und 14 noch näher dargelegt wird:

„Und sie, diese Stadt, hat eine große und hohe Mauer und zwölf Tore und auf den Toren zwölf Engel und Namen angeschrieben, nämlich, die Namen der zwölf Stämme der Kinder Israel." (Vers 12)

„Und die Mauer der Stadt hat zwölf Grundsteine und auf ihnen die zwölf Namen der zwölf Apostel des Lammes." (Vers 14)

Hier schließt sich der Kreis. Hier kommt die Geschichte Gottes mit Israel und der Menschheit zu ihrer Erfüllung, zu ihrem Ziel. Das erlöste

Israel vereint mit dem erlösten Gottesvolk aus den Nationen. Die zwölf Stammväter Israels vereint mit den zwölf Aposteln. Die 24 Ältesten vereint in der Anbetung des Lammes, vereint in dem, dass sie sich beugen und ihre Kronen niederlegen.

Hier kommt zum Ziel, was Jesus selbst in Johannes 10 als seine große Vision seinen Jüngern vermittelt hat. Lesen wir zum Abschluss die Verse 14–16:

„Ich bin der gute Hirte und kenne die Meinen und die Meinen kennen mich, wie Mich Mein Vater kennt und Ich kenne den Vater. Und Ich lasse Mein Leben für die Schafe. Und Ich habe noch andere Schafe, die sind nicht aus diesem Stall; auch sie muss Ich herführen, und sie werden Meine Stimme hören, und es wird eine Herde und ein Hirte werden."

Die zuerst genannten Schafe sind das jüdische Volk. Die Schafe, die „nicht aus diesem Stall" sind, sind wir Nichtjuden. Gemeinsam werden wir – das ist Jesu große Vision – zu einer Herde unter einem Hirten!

Über Israel haben wir nun ausführlich gesprochen. Was die Schafe betrifft, die nicht aus diesem Stall sind, die Gemeinde aus den Nationen, darüber sprechen wir in der nächsten Einheit.

KAPITEL 3

DIE GEMEINDE IN DEN „ZEITEN DER WIEDERHERSTELLUNG"

Wer möchte, kann den Römerbrief aufschlagen, Kapitel 11, und wir können nahtlos an der Stelle weitermachen, an der wir aufgehört haben. Die Frage, die uns diesmal zentral beschäftigt, ist die Frage: *„Wie hängen Israel und die Gemeinde miteinander zusammen?"* Das Wichtigste, was das Neue Testament zu diesem Thema zu sagen hat, gewissermaßen den Schlüssel, finden wir eben im Römerbrief, Kapitel 11, und zwar in dem Bild von dem Ölbaum. Wir beginnen ab Vers 16:

Das Ölbaumgleichnis: Schlüssel zum Verständnis der Beziehung Israel und Gemeinde

„... ist die Wurzel heilig, dann sind es auch die Zweige. Wenn aber etliche der Zweige ausgebrochen wurden und du als ein wilder Ölzweig unter sie eingepfropft und der Wurzel und der Fettigkeit des Ölbaums teilhaftig geworden bist, dann rühme dich nicht wider die Zweige! Rühmst du dich aber, so wisse, dass nicht du die Wurzel trägst, sondern die Wurzel trägt dich! Nun sagst du aber: Die Zweige sind ausgebrochen worden, damit ich eingepfropft würde! Gut! Um ihres Unglaubens willen sind sie ausgebrochen worden; du aber stehst durch den Glauben. So sei nicht stolz, sondern fürchte dich! Denn wenn Gott

die natürlichen Zweige nicht verschont hat, dann wird er da auch dich nicht verschonen."

Dieses Bild vom Ölbaum, ich möchte es nochmals wiederholen, ist der Schlüssel zum neutestamentlichen Verständnis der Frage, wie Israel und die Gemeinde miteinander zusammenhängen. Es gibt andere Stellen im Neuen Testament, die diese Aussage bestätigen, z. B. Epheser 2, worin von dem „einen neuen Menschen" die Rede ist. Es gibt auch andere Bilder und Metaphern, die das hier gezeichnete Bild vervollständigen. Aber die stärkste Substanz und Aussagekraft zu dieser sensiblen und oft zwiespältigen Thematik hat dieses Gleichnis vom Ölbaum.

Greifbar wird die Zwiespältigkeit des Themas, wenn man die Kapitel 9 bis 11 des Römerbriefes in einem Rutsch durchliest. Es geht oft hin und her, mal in die eine Richtung, da könnte man denken, Paulus beziehungsweise Gott selbst hat jede Hoffnung für das jüdische Volk verloren, dann in eine ganz andere Richtung. Was soll man nun glauben? Was stimmt denn nun? Und was für einen Platz hat die Gemeinde in diesem Spannungsfeld?

Zur Beantwortung dieser Fragen gibt es einen Schlüssel. Ähnlich wie wir im Alten Testament durch ein genaueres Verständnis der beiden Bündnisse, des Abraham-Bundes und des Sinai-Bundes, ein klareres Verständnis von Gottes Weg mit Israel gewonnen haben, gibt uns das Gleichnis vom Ölbaum den entscheidenden Schlüssel zum Verständnis vom Verhältnis Israel und Gemeinde an die Hand.

Ich denke, die Grundaussagen das Bildes lassen sich recht einfach wie folgt zusammenfassen: Mit dem Ölbaum ist zunächst einmal Israel gemeint. Dann gibt es die Zweige, die ausgebrochen wurden. Das ist der Teil Israels, der nicht an Jesus als den Messias glaubte und das Evangelium zurückwies. Dann gibt es andere Zweige, die eingepfropft werden, Zweige von einem wilden Ölbaum. Das sind wir aus den Nationen, die an Jesus gläubig geworden sind. Durch unsere Beziehung zu Jesus, durch unsere Erlösung und Wiedergeburt werden wir automatisch Teil des Ölbaums. Ob wir es wissen oder nicht. Ob wir das wollen oder nicht. Das gehört einfach zu unserem Stand in Jesus. Als nichtjüdische Gläubige sind wir Teil der Heilsgeschichte Gottes mit der Menschheit, die in Israel seinen Ausgangspunkt und im neuen Jerusalem sein Ziel hat. Das passiert gewissermaßen automatisch.

Der geschichtliche Hintergrund des Römerbriefes

Aber dann kommt der heiße Punkt, den Paulus hier anspricht. Und der heiße Punkt lässt sich in folgender Frage zusammenfassen: *„Wie verhalten wir uns gegenüber den abgebrochenen Zweigen?"* Diese Frage ist die Mitte des Ölbaumgleichnisses. Das ganze Gleichnis ist gewissermaßen nur dazu da, diese Frage zu beantworten. Hierauf legt Paulus seine Betonung, hier findet sich seine zentrale Botschaft.

Dies wird verständlicher, wenn man den geschichtlichen Hintergrund des Römerbriefes etwas näher beleuchtet.

Die christliche Gemeinde in Rom wurde durch an Jesus gläubig gewordene Juden gegründet. Wir würden sie heute messianische Juden nennen. Also Juden, die in Rom lebten und die zu den Pilgerfesten nach Israel gereist waren; dort lernten sie die Urgemeinde kennen und kamen zum Glauben an Jeschua. Nach ihrer Rückkehr nach Rom haben sie miteinander Kontakt gehalten und andere – Juden und später auch Nichtjuden – sind dazu gestoßen. Mit anderen Worten: Es gab keine erkennbare Gründerpersönlichkeit.

Aber dann kam es zu einer Situation, in der in Rom Unruhen entstanden. Es gab Spannungen in der jüdischen Gemeinde, und soweit man das nachforschen kann, waren es in der Tat hauptsächlich die Spannungen zwischen den Jesus-gläubigen Juden und den anderen Juden, die für einen erheblichen Aufruhr sorgten. Diese Unruhen erregten offenbar so viel Aufsehen, dass Kaiser Claudius damals, das war 49 n. Chr., ein Edikt erließ, wodurch alle Juden aus Rom vertrieben wurden. Traditionelle und messianische Juden – einfach alle. Einzelne messianische Juden aus Rom sind in der Bibel erwähnt. Die bekanntesten sind Aquila und Priscilla. Das waren Juden aus Rom, die dann später Mitarbeiter des Paulus wurden. Die Juden Roms waren insgesamt sieben Jahre lang im Exil. Anders ausgedrückt: Sieben Jahre lang wurde die christliche Gemeinde zu Rom nur heidenchristlich geführt.

Dann kam das Jahr 56 n. Chr. Der berühmte Kaiser Nero kam in diesem Jahr an die Macht. Und Nero hatte eine Frau, die einen Respekt vor den Juden im Allgemeinen hatte und wohl auch eine besondere Affinität zu dem messianischen Flügel der Judenheit, zu den Christen. Ganz im Gegensatz zu ihrem Mann, wie wir aus der späteren Geschichte wissen. Aber in dieser Anfangszeit von Neros Regierung und offenbar unter dem Einfluss seiner Frau erließ Nero ein Gesetz, welches den römischen Juden die Rückkehr nach Rom gestattete. Der Brief des Paulus an die Römer wurde um die Jahre 58/59 n. Chr. geschrieben.

Man kann sich aus pastoraler Sicht und aus Sicht von Gemeindeleitung vorstellen, dass das keine einfache Gemeindegeschichte ist. Die messianischen Juden, die Gründer und Väter der Gemeinde, wurden vertrieben. Die heidenchristlichen Gläubigen übernahmen die Leitung. Sie prägten die Gemeinde etwas anders. Sieben Jahre später kommen viele der Gründungsväter und ehemaligen Leiter wieder zurück. Das ist nicht einfach, das ist spannungsvoll. Und historisch gesehen wurde der Brief in diese Situation, in dieses Spannungsfeld hinein geschrieben.

Eine Perspektive – sicherlich nicht die einzige –, aus der heraus man diesen Brief lesen und verstehen kann, ist das Anliegen des Paulus, durch diesen Brief für Frieden zwischen diesen beiden Gemeindeteilen zu sorgen. Wenn man zum Beispiel das 12. Kapitel des Römerbriefes durch diese Brille liest, dann macht dieses Kapitel sofort eine ganze Menge Sinn. Es geht darin um die Demut gegenüber dem anderen und um die Anerkennung unterschiedlicher Überzeugungen, z. B. in Fragen von Feiertagen und Essensregeln – alles Fragen, in denen Juden und Nichtjuden ganz unterschiedliche Hintergründe hatten.

Paulus versucht immer wieder, zwischen diesen unterschiedlichen Überzeugungen und Prägungen Frieden zu stiften. Zum einen geht es in diesem Brief also um den Frieden zwischen diesen beiden Parteien. Gleichzeitig enthält der Römerbrief aber auch eine universale Botschaft, die für die ganze Gemeinde zu allen Zeiten gilt. Und das Gleichnis vom Ölbaum hat seine besondere Relevanz unter beiden Gesichtspunkten.

Die Warnung des Paulus vor Überheblichkeit von Christen gegenüber Juden

Und jetzt komme ich zu dem Punkt, auf den ich hinaus will. Es geht um die Haltung der wiedergeborenen Christen, die in den Ölbaum „eingepfropft" und in die Heilsgeschichte Israels integriert sind, gegenüber den sogenannten „ausgebrochenen Zweigen", den Juden, die nicht an Jesus glauben. Hören wir nochmals die Mahnung des Paulus in Römer 11,18–21:

„... so rühme dich nicht wider die Zweige! Rühmst du dich aber, so wisse, dass nicht du die Wurzel trägst, sondern die Wurzel trägt dich! Nun sagst du aber: Die Zweige sind ausgebrochen worden, damit ich eingepfropft würde! Sie sind um ihres Unglaubens willen ausgebrochen; du aber stehe durch den Glauben. Sei nicht stolz, sondern fürchte dich! Denn wenn Gott die natürlichen Zweige nicht verschont hat, so wird er wohl auch dich nicht verschonen."

Das ist die Mitte des Ölbaumgleichnisses. Die Warnung an uns Christen vor Stolz und Überheblichkeit gegenüber den Juden, die Jesus nicht als Messias akzeptiert haben! Eine Warnung mit einer erheblichen Gerichtskonsequenz, falls wir sie in den Wind schlagen: „Sonst wirst auch du abgehauen werden." Diese Warnung entspricht der Warnung an die Völkerwelt von 1. Mose 12,3: „Das Volk, das Israel flucht, wird von Gott verflucht."

Für mein Dafürhalten besteht die größte Tragödie der Kirchengeschichte darin, dass die Christenheit diese Warnung eklatant missachtet hat. Dadurch ist nämlich genau das passiert, was Paulus hier schreibt: Indem die Christenheit den Respekt gegenüber dem Judentum verloren hat, insbesondere auch gegenüber den „ausgebrochenen Zweigen", kam Stolz und Hochmut in die Christenheit. Stolz und Hochmut gegenüber dem jüdischen Volk, das in einer kollektiven Weise noch immer unter dem Gnadenbund mit Abraham steht und den die Christenheit zu respektieren hat, selbst dann, wenn das jüdische Volk das Evangelium ablehnt.

Dieser Stolz und dieser Hochmut haben dafür gesorgt, dass eine Tür für den Feind aufgegangen ist. Wir haben uns von unseren jüdischen

Wurzeln getrennt, von unseren jüdischen Brüdern in Abraham, von dem jüdischen Volk, mit dem wir – kollektiv und prophetisch gesprochen – in der Gnade und im Erbarmen Gottes verbunden sind. Sie auf Verheißung hin im Abraham-Bund, wir schon jetzt im Jesus-Bund, in den sie dermaleinst eingeschlossen werden, gewissermaßen als Höhepunkt und letztendliche Erfüllung im Jesus-Bund, an der Schwelle zum messianischen Zeitalter bei der Wiederkunft des Messias. Diese grundsätzliche Ablehnung des jüdischen Volkes hat eine sehr verhängnisvolle Tür geöffnet, eine Tür für Gericht, so wie von Paulus vorhergesagt.

Die beginnende Feindschaft der Christen gegen die Juden in der Kirchenväterzeit

Die Weichen für die Feindschaft der Christen gegen die Juden wurden schon früh gelegt: Im zweiten, dritten, vierten Jahrhundert, in der sogenannten Kirchenväterzeit. Aus dieser Zeit gibt es eine ganze Literaturgattung, genannt „Adversus Judaeos"-Literatur. „Adversus Judaeos" heißt „gegen die Juden". Das war die Überschrift und das war auch der Inhalt.

Ein erster Höhepunkt in dieser Entwicklung waren die Schriften des Origines, Ende des zweiten, Anfang des dritten Jahrhunderts. Er unterschied verschiedene Auslegungsschlüssel oder -methoden voneinander. Eine davon war die allegorische Auslegung nach neuplatonischem Vorbild. Auf Israel und die Gemeinde angewandt wurde von Origines folgendes Auslegungsmuster definiert und vererbt: Alle Verheißungen bezüglich Segen und positiven Verheißungen waren in Bezug auf Israel nur allegorisch gemeint. Tatsächlich waren diese Verheißungen schon immer für die Kirche Jesu aus allen Völkern gedacht. Durch die Ablehnung Jesu („Christusmörder") werden alle positiven Verheißungen auf Grund der allegorischen Auslegungsmethode auf die Christenheit übertragen. Alle Gerichts- und Unheilsverheißungen bleiben jedoch in ihrer buchstäblichen Bedeutung für die Juden gültig. Das Fundament für 18 Jahrhunderte christlichen Antisemitismus war gelegt.

Nach Origines, einem der bedeutendsten Kirchenväter der griechischen Ostkirche, muss Augustinus genannt werden – einer der bedeutendsten Kirchenväter der lateinischen, später römisch-katholischen Westkirche.

Augustinus war in vieler Hinsicht ein großartiger Mann – ähnlich wie später Luther in vieler Hinsicht ein großartiger Mann war. Aber beide hatten einen blinden Fleck, was die Juden betraf. Augustinus vertrat den Juden gegenüber eine Theologie, in der er zwei Sachen besonders betonte. Eine Betonung, die Einfluss auf die gesamte abendländische Christenheit gewann: Es gibt zwei Gründe, warum Gott überhaupt noch die Juden auf dieser Welt sein lässt: Zum einen dienen sie uns Christen als Zeugnis und warnendes Beispiel des Zornes Gottes, und zum zweiten haben sie noch eine sinnvolle Aufgabe, indem sie uns Christen dienstbar sein müssen.

Auf diesem Hintergrund sind das ganze Hofjudentum und die gesamten Diskriminierungsmaßnahmen der Kirche gegenüber den Juden theologisch zu erklären. Somit war es kein theologisches Problem und deshalb auch für viele kein Gewissensproblem, Juden auszunutzen, Juden zu demütigen, Juden für ihre Zwecke zu missbrauchen. Vieles könnte hier noch gesagt werden, ich möchte es aber bei diesen wenigen Hinweisen belassen. Wer mehr dazu lesen möchte, dem kann ich das kleine Büchlein „Erhebt Eure Stimmen!" aus dem Verlag Gottfried Bernard empfehlen, mit Beiträgen von Dr. Christoph Häselbarth, Johannes Facius und mir, oder auch das ausführlichere Buch „Unsere Hände sind mit Blut befleckt" von Dr. Michael Brown im Verlag „Mega Medien".

Zusammenfassend kann also gesagt werden: Die Christenheit der letzten 18 Jahrhunderte hat die zentrale Warnung in diesem so wichtigen Gleichnis vom Ölbaum weitgehend ignoriert oder missachtet.

Gottes endzeitliche Verheißungen für die Gemeinde

Doch die gute Nachricht ist: Wie leben in der Tat in den biblisch vorhergesagten „Zeiten der Wiederherstellung". Israel kommt in die Erfüllung der Verheißungen, die für es als Volk gelten, soweit sie die Zeit vor dem zweiten Kommen Jesu betreffen. Darüber haben wir ausführlich gesprochen. Das Gleiche gilt für die Gemeinde Jesu, und wenn man genauer hinsieht, erkennt man, dass diese beiden Entwicklungen gewissermaßen parallel zueinander ablaufen.

An Israel geschehen gewaltige Dinge. Dinge, die sich die Generationen vor uns nicht vorzustellen wagten, die säkularen Generationen schon gar nicht. Aber selbst die Christen hatten ihre Mühe damit, sich vorzustellen, dass die weltweite Judenheit in ihre angestammte Heimat zurückkehrt und sich zu einem Staat formiert. Und jetzt sehen wir das mit unseren eigenen Augen. Wir können diese Ereignisse im Fernsehen verfolgen, wir können Israel besuchen, das Land bereisen, wir können es anfassen – es ist real. Das ist keine Spekulation, das ist keine Illusion, kein Traum, sondern Israel, das Volk, das Land, ist dabei, wiederhergestellt zu werden. Wiederhergestellt zu werden als jüdisches Volk in einem jüdischen Land, so wie das schon einmal für etwa 1.500 Jahre der Fall war und so wie es die Bibel für die Endzeit vorhergesagt hat, dass es wieder geschehen wird.

Aber das, was für Israel gilt, das gilt eben auch genauso für die Gemeinde. Von der Gemeinde ist gesagt, dass sie im Wasserbad des Wortes gereinigt wird von Flecken, Runzeln und Makel (Epheser 5,27), ehe der Bräutigam, Jesus, wiederkommt. Von der Gemeinde ist gesagt, dass sie in die volle Reife des Leibes Christi hineinwachsen wird (Epheser 4,11ff). Von der Gemeinde heißt es, dass sie vervollständigt werden wird, ehe Jesus wiederkommt. Dazu möchte ich zwei Stellen vorlesen, die diesen Zusammenhang verdeutlichen. Im Matthäusevangelium, Kapitel 24, spricht Jesus in seiner prophetischen Endzeitrede von den Zeichen, die seiner Wiederkunft vorausgehen werden. Als letztes Zeichen nennt er die Erfüllung des Missionsbefehls, Matthäus 24,14:

„Und es wird gepredigt werden dies Evangelium vom Reich in der ganzen Welt zum Zeugnis für alle Völker, und dann wird das Ende kommen."

Das heißt, erst muss das Evangelium des Reiches Gottes zu jedem Volk der Erde gelangt sein. Dann erst kann Jesus zurückkehren. Paulus nennt im Römerbrief, Kapitel 11, noch einen zweiten Gesichtspunkt, was die Erfüllung des Missionsbefehls betrifft, Römer 11,25–26:

„Ich will euch, liebe Brüder, dieses Geheimnis nicht verhehlen, damit ihr euch nicht selbst für klug haltet: Verstockung ist einem Teil Israels

widerfahren, so lange, bis die Fülle der Heiden zum Heil gelangt ist;
und so wird ganz Israel gerettet werden ..."

Hier wird gesagt, dass die nationale Erweckung in Israel, von der wir schon gesprochen haben, erst geschehen wird, wenn die Vollzahl der nichtjüdischen Menschen zum Glauben an Jesus gefunden hat. Hier sind die Erfüllung des Missionsbefehls und die nationale Erlösung Israels miteinander verknüpft.

All dies sind Verheißungen an die Gemeinde für die Zeit vor dem zweiten Kommen Jesu. Und weil wir deutlich erkennen können, wie Gottes Wiederherstellungshandeln an Israel voranschreitet, dürfen wir daraus Gewissheit gewinnen, dass Gott auch dabei ist, seine Verheißungen an die Gemeinde für dieses Zeitalter zu erfüllen. Und wenn man etwas genauer hinsieht, lässt sich erkennen, dass dies gewissermaßen Hand in Hand geht.

Die parallele Wiederherstellung von Israel und der Gemeinde

Ich möchte an dieser Stelle nochmals darauf hinweisen, dass ich die ersten Anregungen in diese Richtung vor 30 Jahren von Derek Prince bekommen habe. Diese sind inzwischen weiter gewachsen und gereift, aber von ihm bin ich auf die Spur gesetzt worden, und das hat mich sehr geprägt. Er hat uns damals darauf aufmerksam gemacht, dass es – global betrachtet – zwischen Gottes Wiederherstellungshandeln an Israel und an der Gemeinde Parallelen gibt, und hat dies vor allem an drei Entwicklungen festgemacht:

1. Der Beginn der weltweiten Rückführung der Juden und der weltweiten Ausgießung des Heiligen Geistes: Ende des 19. und Anfang des 20. Jahrhunderts passierten zwei Dinge parallel: In mehreren Wellen kehrte eine wachsende Anzahl von jüdischen Menschen in das Land Israel zurück. Gleichzeitig gab es auf der ganzen Welt Erweckungen und Bewegungen des Heiligen Geistes in einer Dimension, die man aus der Kirchengeschichte bis dato nicht kannte. Es gab immer Erweckungen in der Kirchengeschichte, die ganzen 2.000 Jahre hindurch. Es gab immer geisterfüllte Bewegungen und Persönlichkeiten, aber was es noch nie gab, das war der weltweite

Maßstab, die Gleichzeitigkeit und die völlige Unverbundenheit solcher Bewegungen. Anfang des 20. Jahrhunderts gab es gleichzeitig mächtige Geistesbewegungen in Los Angeles, in Wales, in Teilen Chinas, in Skandinavien, in Teilen Afrikas und allen möglichen anderen Orten dieser Welt. Und diese Bewegungen waren ihrem Ursprung nach völlig unabhängig voneinander. Dahinter stand nicht eine Persönlichkeit, eine Organisation oder Konfession. Nein, es war eine neue Dimension. Die weltweite Ausgießung des Heiligen Geistes, von welcher der Prophet Joel (Kapitel 3) und Petrus zu Pfingsten (Apostelgeschichte 2) gesprochen haben, trat Ende des 19./Anfang des 20. Jahrhunderts in eine neue, eine wahrhaft globale Größenordnung.

2. Etwa eine Generation später: Die Wiederherstellung Israels als Staat im Jahr 1948. Das, was der Prophet Hesekiel in Kapitel 37 vorhergesagt hat, geschah: Die Totengebeine, die verstreut auf den Feldern Europas lagen, die Überlebenden aus den Verfolgungen der Diaspora und des Holocaust, rückten zusammen. Sie kamen nach Israel. Und sie bildeten Konturen und Strukturen, staatliche Einrichtungen und ein blühendes Gemeinwesen. Das Volk, das verstreut war über die ganze Erde, das verfolgt wurde wie kein anderes Volk, erblühte zu neuem Leben.

Und was passiert parallel dazu in der Gemeinde, Ende der 40er, Anfang der 50er Jahre des vergangenen Jahrhunderts? Die größte und mächtigste Heilungsbewegung, die die Kirchengeschichte jemals gesehen hat, bricht auf. Übernatürliche Manifestationen des Heiligen Geistes, Heilungen, Zeichen und Wunder geschahen in einer Intensität und Größenordnung, wie dies seit der Apostelgeschichte nicht mehr der Fall war. Vor allem in den USA, aber auch in einer Reihe anderer Orte und Regionen dieser Welt.

3. Dann das Jahr 1967: Die Wiedervereinigung Jerusalems. Und was passiert in der Gemeinde? Am Ende der 60er Jahre ereigneten sich die machtvollen Anfänge der charismatischen Erneuerung. Die erwecklichen Aufbrüche, das übernatürliche Wirken des Heiligen Geistes spielte sich bis dahin meist außerhalb der etablierten Kirchen ab. Aber 1967, genau in dem Jahr, in dem die Wiedervereini-

gung Jerusalems stattfindet, bricht diese Geistesbewegung, bricht die Ausgießung des Heiligen Geistes in die traditionellen Kirchen hinein. Besonders kraftvoll geschah dies wieder in den Vereinigten Staaten, aber parallel dazu auch in verschiedenen Kirchen Europas, in verschiedenen Kirchen Afrikas und Asiens. Es geschah in den großen Traditionskirchen, aber auch in den etablierten Freikirchen, unter Baptisten, Methodisten, Mennoniten etc. – christlichen Konfessionen und Denominationen, die bis dahin gegenüber dieser Ausgießung des Heiligen Geistes im 20. Jahrhundert weitgehend verschlossen waren. Sie wurden von Gott 1967 und in den Jahren danach total überrascht.

Und wisst ihr, wer noch überrascht wurde? Die Juden! Im Zuge der „Jesus-People"-Bewegung Ende der 60er und in den 70er Jahren am Rande der damaligen Hippie-Kultur kamen Tausende von Juden zum Glauben an Jesus (Jeschua). Vorwiegend in den USA, aber in kleinerem Maß auch in Israel selbst und an anderen Orten. Juden entdeckten Jeschua als ihren Messias, ohne sich von ihren jüdischen Wurzeln loszulösen. Das war ein neues Phänomen.

Die Folgen der Abtrennung von den biblisch-hebräischen Wurzeln

Ich möchte jetzt noch einmal auf die Kirchenväterzeit zurückkommen. Als sich die Christenheit in einer Haltung des Stolzes von den jüdischen Wurzeln getrennt hat, entstand ein Vakuum. Dies begann schon im 2. Jahrhundert und steigerte sich hinein bis ins 5. Jahrhundert. Mit der Abwendung vom jüdischen Volk ging auch – mehr oder weniger – die Abwendung vom Alten Testament und vom biblisch-hebräischen Erbe der Christenheit einher.

Was ich sage, ist sehr vereinfachend, und ich möchte dem positiven Wirken der Kirchenväter – und da gab es viel Positives! – nicht unrecht tun. Auch was Augustinus betrifft, auf den ich zu sprechen komme, gäbe es viel Positives und Beeindruckendes zu berichten. Ähnlich wie bei Luther. Aber was die Abwendung von der heilsgeschichtlichen Verwurzelung im jüdischen Volk und im Alten Testament betrifft, gab es eben diesen massiven blinden Fleck mit weitreichenden Auswirkungen.

Vereinfachend gesagt wurde das entstandene Vakuum von zwei mächtigen Einflüssen gefüllt: Zum einen vom griechischen Denken, von griechischer Philosophie, aber zum zweiten – und das gilt speziell für die Westkirche, für die römisch-katholische Kirche – von römischen Organisationsformen.

Wenn wir die Kirche, wie wir sie heute kennen, unvoreingenommen mit der Gemeinde vergleichen, wie sie uns im Neuen Testament vorgestellt wird, und nach den wesentlichen Unterschieden fragen, dann wird man unweigerlich auf die prägende, verändernde, um nicht zu sagen verformende Kraft der griechischen Philosophie und der römischen Struktur stoßen. Und wenn wir davon ausgehen, dass es richtig ist, was wir bisher gesagt haben, dass wir in den biblisch verheißenen „Zeiten der Wiederherstellung" leben und Gott sich eine Braut ohne Makel und Runzeln zubereitet, dann dürfen wir davon ausgehen, dass der Heilige Geist uns dahingehend reinigen, erneuern und helfen möchte, dass wir wieder zu den biblisch-hebräischen Ursprüngen zurückfinden.

Augustinus und sein Werk „Der Gottesstaat"

Ich möchte an einer Stelle etwas tiefer bohren, gewissermaßen beispielhaft für mindestens ein Dutzend anderer Themen des christlichen und gemeindlichen Lebens von gleicher, zentraler Bedeutung, auf die ich aber an dieser Stelle nicht eingehen kann. Mein Thema ist die römische Struktur der christlichen Kirchen und Gemeinden. Und ich möchte vorausschicken, dass ich dieses Thema nicht anspreche, um zu kritisieren oder gar zu polemisieren. Ich spreche es an, weil damit eine große geistliche Not und Armut verbunden ist, aus welcher der Heilige Geist uns herausführen möchte. Er möchte uns wiederherstellen zum biblischen Vorbild und geistlichen Reichtum.

Ein kurzer Blick in die Kirchengeschichte. Wie entstand die römisch-katholische Kirche, wie wir sie seit dem Mittelalter kennen? Vereinfachend kann man sagen, dass die römisch-katholische Kirche im 4./5. Jahrhundert mehr oder weniger die auseinanderfallende römische Weltmacht ablöste. Der Kirchenvater und Theologe Augustinus spielte hierbei eine ganz maßgebliche Rolle. Sein Buch „Der Gottesstaat" hat die theologische Grundlage für diese Übernahme geregelt. In dem Buch

„Der Gottesstaat" ist er, sehr vereinfacht gesagt, im Prinzip davon ausgegangen, dass in dem Moment, in dem die Christenheit zur maßgeblichen Macht im Römischen Reich geworden ist – das war die Zeit, in der Augustinus lebte – das 1.000-jährige Reich angebrochen sei. Er hat Verheißungen, die im Hinblick auf Jerusalem ausgesprochen waren, auf Rom gedeutet, Verheißungen, die auf den messianischen König, Jesus, hin ausgesprochen waren, auf den Papst gedeutet, und Verheißungen, die auf das messianische Friedensreich hin oder das 1.000-jährige Reich hin ausgesprochen waren, auf das christliche Abendland, das christianisierte ehemalige Römische Reich, gedeutet.

Das hatte weitreichende Folgen: Biblische Beschreibungen und Erwartungen im Zusammenhang mit dem 1.000-jährigen Reich mit allen Verheißungen auf Frieden, Gerechtigkeit und Harmonie wurden auf den Einflussbereich der römisch-katholischen Kirche ausgedehnt. Durch die Mutter Kirche sollte gewissermaßen das Paradies auf Erden geboren werden. In diesem triumphalistischen Geist ging die Kirche dann ins Mittelalter hinein. Ziel war die Einheit des europäischen Abendlandes unter der Vorherrschaft der Kirche. Daraus ergab sich die größte politische Frage des Mittelalters: Wer ist die entscheidende Instanz: der Papst oder der Kaiser?

Auf der Grundlage dieser Fehlinterpretation vom messianischen Königreich, die wiederum eine Folge der biblisch-theologischen Verwerfung Israels und seiner biblischen und heilsgeschichtlichen Relevanz war, verlor die Kirche ihre biblische Grundlage und ihre geistliche Verwurzelung. Ein Vakuum entstand. Andere Kräfte füllten das Vakuum. Die Kirche degenerierte geistlich. Sie wurde zu einem Machtapparat; in ihren extremen Ausprägungen zu einer Ideologie, einer Diktatur, einem Terrorstaat. Gott sei Dank hat sich seitdem auch in der katholischen Kirche vieles verändert, gewandelt und reformiert. Ob bis zu den biblischen Wurzeln hin – das muss sich noch zeigen. Aber das gilt nicht nur für die katholische Kirche.

Die pyramidenförmige Struktur der Kirche

Auf dem kurz skizzierten kirchengeschichtlichen Hintergrund möchte ich nun einen bestimmten Aspekt herausgreifen. Aber auch hier wieder ein paar vorausschickende Ermutigungen zur Vorsicht und Behutsamkeit. Mir geht es mit den folgenden Aussagen nicht darum, einen großen Streit vom Zaun zu brechen. Ich will nicht billig provozieren oder steile Sprüche klopfen. Mir geht es um die Zubereitung der Braut und um die notwendigerweise damit verbundene Versöhnung mit unseren biblisch-hebräischen Wurzeln. Mir geht es nicht darum, eine Äußerlichkeit durch eine andere zu ersetzen. Mir ist auch bewusst, dass man „falsche" Dinge im richtigen Geist und „richtige" Dinge im falschen Geist tun kann und der Herr zuerst auf das Herz sieht und weiß, wie wir es meinen.

Ich spreche einen sensiblen Punkt an, nicht um Fanatismus und falschen Eifer zu schüren, sondern in der Hoffnung, Raum für das wiederherstellende Wirken des Heiligen Geistes zu schaffen. Zuerst in unseren Herzen, dann in unserem gemeindlichen Leben. Im Geist der Gnade und der Geduld. Das ist mein Anliegen, und ich wünsche mir und ringe darum, dass dieses Anliegen so sanftmütig wie möglich verstanden wird, denn ich werde jetzt ein paar Gedanken äußern, die ziemlich unorthodox sind und Sprengkraft haben. Möge der Herr uns allen helfen, damit richtig umzugehen.

Hier kommt nun mein Punkt: Was die organisatorische Struktur der Kirche betrifft, war es für mich eine erhellende Erkenntnis, als mir klar wurde, dass die Organisationsstruktur des römischen Staates praktisch unverändert auf die römisch-katholische Kirche übertragen wurde.

Im Römischen Reich gab es eine 5-gliedrige Hierarchie: An der Spitze stand der Imperator, der Emperor, der Kaiser. Auf der zweiten Ebene kam der Senat; auf der dritten Ebene die Statthalter, die Regionalfürsten; auf der vierten Ebene die Beamten vor Ort und auf der fünften Ebene das breite Volk. Und die katholische Kirche hat genau diese Organisationsstruktur übernommen. Sie hat bis heute Gültigkeit. An der Spitze steht der Papst; die zweite Ebene bilden die Kardinäle; die dritte Ebene die Bischöfe, die vierte Ebene besteht aus den Priestern und die fünfte Ebene ist das Kirchenvolk. Wer das zum ersten Mal hört, braucht ein bisschen Zeit, um das zu verdauen. Das ist eine Frucht davon, dass wir uns von den jüdischen, von den biblisch-hebräischen Wurzeln, abgetrennt haben, auch von dem biblischen Vorbild, wie es uns die Urgemeinde bietet. Wir sind gewissermaßen in einem anderen Film. Wir sind in eine andere Spur gerutscht.

Verfolgen wir diese Entwicklung weiter durch die Kirchengeschichte hindurch. Kommen wir zur Reformationszeit: In der Reformationszeit gab es eine teilweise Rückkehr zu den biblischen Ausgangspunkten, aber keine vollständige, wie wir alle wissen. Und Luther selbst war ein großer Bewunderer von Augustinus, und man kann vereinfacht sagen, Luther selbst hat zum Teil bis Augustinus zurück reformiert und zum Teil bis hin zu Jesus, Paulus und dem biblischen Urgestein. So hat die Lutherische Reformation ein vermischtes Erbe weitergegeben. Teilweise sind wirklich biblische Wahrheiten und biblische Grundlagen neu entdeckt und etabliert worden, aber eben nur zum Teil. Zum anderen sind augustinische Wahrheiten und augustinische Grundlagen in die geistliche Genetik der Reformation eingeflossen.

Das betrifft auch die kirchlichen Strukturen: Es war nur zum Teil eine Reformation. Das Papsttum wurde abgeschafft, aber das war es dann auch schon. In der Lutherischen Kirche gibt es nun keine 5-gliedrige Pyramide mehr, sondern nur noch eine 4-gliedrige. In einer klassischen Lutherischen Struktur einer Landeskirche steht an der Spitze der Landesbischof oder der Präses. Auf der zweiten Ebene sind es die Dekane, auf der dritten Ebene die Pfarrer und auf der vierten Ebene das Kirchenvolk, repräsentiert durch den Kirchenvorstand.

Und wie ging es weiter mit den Freikirchen? Ihr ahnt es vielleicht schon. Die Freikirchen haben die reformatorische Erneuerung ein Stück weiter geführt – aber eben auch nicht bis zum biblischen Urgestein. Sie haben – mehr oder weniger – die Bischöfe abgeschafft. Aber in vielen Kreisen und Denominationen blieb die pyramidenförmige Grundstruktur und die damit verbundene Mentalität erhalten. Ist euch zum Beispiel schon einmal aufgefallen, dass kein Gemeindebrief des Paulus oder eines sonstigen Autoren im Neuen Testament an den Pastor XY gerichtet ist? Es gab keinen Pastor an der Spitze einer Gemeinde. Die Leiterschaft war immer Plural: Die Anrede ging an die Ältesten. Oder an die Ältesten und Diakone. Oder an die ganze Gemeinde. Nie an einen Pastor oder Bischof oder einzelne Gemeindeleiterpersönlichkeiten.

„Zeiten der Wiederherstellung" von Gemeindestrukturen

Ehe ich versuchen möchte, zu diesem Thema ein paar konstruktive Hinweise zu geben, sei nochmals der Hauptgedanke ausgesprochen, warum ich dieses Beispiel gewählt habe: Ich möchte diese Gedanken vor allem als ein Beispiel dafür nehmen, wie weitreichend und uns alle betreffend die Tatsache ist, dass sich die junge Kirche von der Warnung des Paulus in Römer 11 abgewandt hat und sich in einem Geist des Stolzes und der Überheblichkeit von biblisch-hebräischen Wurzeln des Alten und des Neuen Testamentes getrennt hat. Die Tatsache, dass dadurch ein Vakuum entstand, das von Kräften gefüllt wurde, die nicht das Beste der Kirche und der Menschen im Sinne hatten, zu denen die Kirche gesandt war; und dass wir in „Zeiten der Wiederherstellung" leben, in denen der Geist Gottes durch das „Wasserbad im Wort Gottes" die Braut Jesu von allen Flecken, Runzeln und allem Makel reinigen möchte.

Das Wirken des Geistes im Sinne dieses Wiederherstellungshandelns können wir teilweise in den Erweckungsregionen dieser Welt gut beobachten, insbesondere in den Erweckungsregionen Asiens und Afrikas. Je geringer der Einfluss des Westens ist, desto mehr entwickeln sich die Strukturen geistgeführt, geistgefüllt und intuitiv an den biblischen Vorbildern, insbesondere an den neutestamentlichen Vorbildern der Apostelgeschichte. Wir stehen in dieser Übergangszeit zwischen einer 2.000-jährigen Kirchengeschichte einerseits und dem gegenwärtigen Wirken des Geistes Gottes in den „Zeiten der Wiederherstellung" andererseits. Das ist ein Prozess, ein Ringen, ein Weg. Hier braucht es Mut und Entschiedenheit, aber auch Weisheit und Besonnenheit. Auf diesem Hintergrund möchte ich kurz ein paar Passagen, vor allem aus dem Epheserbrief, anschauen und ein paar erste Hinweise in Richtung Gemeindestruktur auf biblisch-hebräischer Grundlage geben.

Gemeindestrukturen auf biblisch-hebräischer Grundlage – ein erster Gedankenanstoß

Ich bin mir bewusst, dass ich hiermit ein Thema anschneide, das für viel Diskussionsstoff sorgt. Ich möchte es behutsam tun, mich dem aber auch nicht entziehen. Betrachten wir es als einen ersten Gedankenanstoß.

Etwas vereinfacht gesagt finden wir im Neuen Testament hauptsächlich zwei Gemeindemodelle. Das eine sind die beiden großen Zentralgemeinden in Jerusalem und Antiochien. Heute würde man sie vielleicht „Mega-Churches" (besonders große Gemeinden) nennen, aber ich bin kein Fan von diesem Begriff. Als zweites wären die Gemeindegründungen des Paulus zu nennen. Dann gab es natürlich noch viele andere Arten der Gemeindegründung und -prägung in Samaria und Galiläa durch Philippus, Petrus, Johannes etc., aber darüber finden wir nicht allzu viele Hinweise im Neuen Testament. Für eine systematischere Betrachtung kommen deshalb am ehesten diese beiden Gruppen von Gemeinden in Frage.

Ich möchte ein, zwei Einzelbeispiele herausgreifen, die deutlich machen, wie denn eigentlich die ursprüngliche Lebensform der Gemeinden im Gegensatz zur römischen Struktur aussah. Es sollen erste Hinweise sein, um der Antwort auf die Fragen näher zu kommen: Was könnte der Heilige Geist vielleicht mit seiner Gemeinde in den „Zeiten der Wiederherstellung" machen wollen? Worauf ist er denn wirklich aus? Dabei werde ich mich besonders auf Paulus und seine Gemeindegründungen konzentrieren. Jerusalem und Antiochien sind sehr wichtige Sonderfälle, auf die ich aber hier nicht näher eingehen kann. Für die meisten von uns sind das auch nicht die maßgeblichen Vorbilder, durchaus aber die von Paulus gegründeten und betreuten Gemeinden.

Im Neuen Testament gibt es für die Gemeinde eine ganze Reihe von Begriffen und Bildern. Jedes Bild drückt einen bestimmten Aspekt des gemeindlichen Lebens aus. Alleine im Epheserbrief gibt es sieben verschiedene Bilder: das Bild des Tempels, der Braut, des Leibes, der Familie, der Armee etc. Jedes Bild, jeder Begriff greift einen wichtigen Aspekt gemeindlichen Lebens und gemeindlicher Existenz auf.

Das biblisch-hebräische Bild vom Leib Christi

In der Zusammenschau der paulinischen Briefe finden wir jedoch einen Begriff, der überdurchschnittlich oft auftaucht. Dieser Begriff, dieses Bild muss für Paulus von ganz besonderer Bedeutung gewesen sein und auch für seine Gemeinden: Es ist das Bild von der Gemeinde Jesu als Leib Christi. Im Epheserbrief (Kapitel 1 und 4), im Römerbrief (Kapitel

12) und im 1. Korintherbrief (Kapitel 12 bis 14) spielt das Bild vom Leib Christi eine zentrale Rolle.

In diesem Bild geht es vor allem um zwei Dinge: Erstens, um die Beziehung jedes einzelnen Gliedes zum Haupt, zu Jesus. Zweitens um die Art und Weise, wie ganz unterschiedliche „Glieder", also ganz unterschiedliche Menschen mit unterschiedlichen Persönlichkeiten, Begabungen und Berufungen, harmonisch und für das Reich Gottes fruchtbar miteinander zusammen leben und zusammen wirken können. Das Bild des Leibes betont, dass die Gemeinde ein lebendiger Organismus ist im Unterschied zu einer starren Organisation. Dies ist ein wesentlicher Unterschied zwischen der römischen und der hebräischen Auffassung von Gemeinde.

Dieses Bild vom Leib enthält viele sehr hilfreiche Einsichten und Wahrheiten. Ich habe vor nicht allzu langer Zeit eine fünfteilige Vortragsreihe allein über dieses Thema gehalten und könnte viel dazu sagen. Doch ich will jetzt nur einen Aspekt herausgreifen, und das ist die Leitungsfrage.

Die Passage des Neuen Testamentes, die am systematischsten und grundlegendsten Auskunft gibt über das paulinische Modell und seine Vorstellungen von Gemeindeleben, ist der Epheserbrief. Und es steht im Epheserbrief, was wir gestern von der Braut gelesen haben, die gereinigt wird durch das Wasserbad des Wortes.

Konkret möchte ich auf die Passage in Epheser 4 hinaus, in der es um den sogenannten „fünffältigen Dienst" geht, also um ganz wichtige Aspekte des Leitungsverständnisses des Paulus für die Gemeinde Jesu. Lesen wir zum Einstieg Epheser 4,11:

„Und Er hat gegeben etliche zu Aposteln, etliche zu Propheten, etliche zu Evangelisten, etliche zu Hirten und zu Lehrern, um die Heiligen zuzurüsten für das Werk des Dienstes, zur Erbauung des Leibes Christi, bis dass wir alle zur Einheit des Glaubens und der Erkenntnis des Sohnes Gottes gelangen und zum vollkommenen Mann werden, zum Maß der vollen Größe Christi."

Das Bild, das hier im Hintergrund steht, ist das Bild des Leibes Christi. Das Anliegen, das hier angesprochen wird, ist das Wachstum des Leibes in seine volle Größe hinein. Ähnlich, wie das Bild der Braut in Epheser 5 von der vollen Schönheit und Reinheit spricht, die Jesus als Bräutigam seiner Braut schenken möchte, spricht Paulus hier von der vollen Reife und Größe des Leibes unter Jesus als dem Haupt der Gemeinde. Beide Bilder haben eine endzeitliche Zielrichtung Die Braut soll sich bereiten für das Hochzeitsmahl des Lammes. Der Leib soll in seinen vollen Wuchs hineinkommen. Das sind Verheißungen für die „Zeiten der Wiederherstellung", für die Zeiten, die eng mit der Wiederkunft Jesu und der unmittelbaren Vorbereitung darauf verknüpft sind. Das sind die Zeiten, in denen wir leben.

Hier, in Kapitel 4, ist verheißen, dass die Gemeinde in ihre volle Reife und den vollen Wuchs hineinwachsen wird. Dahinter steht der Gedanke, dass der Leib verschiedene Entwicklungsstadien durchläuft, wie der menschliche Leib auch. Erst das Embryo, dann das Kind, dann der Jugendliche, schließlich der erwachsene Mensch. Und hier spricht Paulus davon, dass Gott möchte, dass der Leib Christi in die volle Mannesreife, in den vollen Wuchs hineinkommt und nicht im Embryonalstadium oder im Kindheitsstadium oder im Jugendstadium hängen bleibt. Dass Jesus sich in seinem Leib allumfassend, in der ganzen Breite, Länge, Tiefe und Höhe ausdrücken kann, darum geht es Paulus in diesem Bild, wie wir in den Versen 12–16 nachlesen können:

„Damit wir nicht mehr Unmündige seien, umhergeworfen und herumgetrieben von jedem Wind der Lehre, durch die Spielerei der Menschen, durch die Schlauheit, mit der sie zum Irrtum verführen, sondern dass wir, wahrhaftig in der Liebe, heranwachsen in allen Stücken in Ihm, der das Haupt ist, Christus, der Messias, von welchem aus der ganze Leib zusammengefügt und verbunden durch alle Gelenke, die einander Handreichung tun nach dem Maß der Leistungsfähigkeit eines jedes einzelnen Gliedes, und dadurch Wachstum des Leibes vollbringt, zur Auferbauung seiner selbst, zur gegenseitigen Auferbauung in Liebe."

Der fünffältige Dienst
als biblisch-hebräisches Leitungsmodell

Damit der „Leib", die Gemeinde Jesu, in diese Fülle und Reife hineinwachsen kann, braucht es den fünffältigen Dienst: Apostel, Propheten,
Evangelisten, Hirten und Lehrer. In dem Maß, wie diese fünf verschiedenen Leitungsgaben zusammenwirken, in dem Maß können „die Heiligen", die Gemeinde Jesu, in diese Vielfalt und Reife hineinwachsen.
Es braucht diese Vielfalt an Leitungsgaben, dieses Zusammenspiel der
verschiedenen Charismen und Kompetenzen.

Der Punkt, den ich hierbei betonen möchte, ist der, dass der Leitge-
danke – im Unterschied zum römischen Modell – nicht die pyramiden-
förmig-hierarchische Struktur ist, sondern das vielfältige und organische
Zusammenspiel unterschiedlicher Persönlichkeiten, Charismen, Gaben
und Kompetenzen unter der Leitung des Heiligen Geistes. Und *nur* wenn
dies geschieht, wenn diese hebräische Mentalität, dieser geistgeleitete
und geistgefüllte Leitungsorganismus wirksam werden, entstehen die
Früchte, von denen wir gerade in den Versen 12–16 gelesen haben.

Wenn wir schauen, wie Paulus gemeinsam mit seinen Mitarbeitern
in apostolischen Teams Gemeinden gegründet und betreut hat, und wo
auch immer wir im gesamten Neuen Testament nachlesen, wie geistliche
Leitung in der Urchristenheit gelebt worden ist, dann finden wir dort nir-
gends ein pyramidenförmiges Prinzip. Weder bei Petrus noch bei Philippus noch bei Johannes noch bei Paulus oder wo es sonst Beispiele oder
Rollenmodelle als geistliche Leiter gibt. Ob in Jerusalem, Antiochien
oder Galiläa: da gab es kein vertikal strukturiertes pyramidenförmiges
Verständnis. Ja, die Apostel hatten Pioniergaben und besondere Autorität. Aber im Gesamtgeschehen waren sie auch nur eine Komponente von
mehreren – und sie wussten das (1. Korinther 3,5–8):

„Wer ist nun Apollos? Wer ist Paulus? Diener sind sie, durch die ihr
gläubig geworden seid, und das, wie es der HERR einem jeden ge-
geben hat: Ich habe gepflanzt, Apollos hat begossen; aber Gott hat
das Gedeihen gegeben. So ist nun weder der pflanzt noch der begießt
etwas, sondern Gott, der das Gedeihen gibt. Der aber pflanzt und der

begießt, sind einer wie der andere. Jeder aber wird seinen Lohn emp-
fangen nach seiner Arbeit."

Das gemeinsame Grundverständnis war das einer kollektiven Leitung,
wo jeder seine Würde, jeder seine Berufung, jeder seinen Platz, jeder
seine Gabe hat und wo jeder gefordert war, zum Aufbau des Leibes, zum
Wachsen des Leibes in Liebe gemäß seinem Anteil beizutragen und einander Handreichung zu tun.

Wenn man die fünf verschiedenen Dienstgaben im Kontext neutestamentlicher Gemeindegründung und neutestamentlichen Gemeindelebens
analysiert, wird man feststellen, dass vier von den fünf Dienstgaben eher
überregional gearbeitet haben: Apostel, Propheten, Evangelisten und
Lehrer. Ausnahmen waren in gewisser Weise die beiden großen Gemeinden in Jerusalem und Antiochien. In diesen besonders großen und bedeu-
tenden Gemeinden waren mehrere Persönlichkeiten aus dem Bereich des
fünffältigen Dienstes ortsansässig und Teil der Gemeindeleitung. Aber
das, wie schon gesagt, halte ich für eine Ausnahme.

Schauen wir noch ein wenig genauer hin: Die Apostel waren überregional tätig, die Propheten im Wesentlichen auch. Ausnahmen sind, wie
eben erwähnt, Jerusalem und Antiochien – aber wir betrachten jetzt die
Standardsituation. Bei den typisch paulinischen Gemeinden gab es die
Apostel, sie haben gegründet, sie haben etabliert, sie haben gebaut, sie
waren ein paar Jahre dort und sind dann weitergezogen. Und dann kamen
sie immer wieder mal zurück, und irgendwann haben sie Älteste eingesetzt, eine kollektive Leiterschaft. Auf die Ältesten komme ich gleich
noch zu sprechen.

Propheten, von denen wir im Neuen Testament lesen, waren in der
Regel auch übergemeindlich unterwegs. Und die Grundlagen, welche die
Apostel und Propheten gelegt haben, waren für den Bau der Gemeinde
maßgeblich. Und Evangelisten, das Paradebeispiel ist Philippus, waren
in der Regel auch übergemeindlich tätig. Was die Lehrer betrifft, da kann
man streiten, da gibt es verschiedene Meinungen dazu, aber der Parade-
lehrer des Neuen Testamentes, Apollos, war auch übergemeindlich unterwegs.

Ausnahme war, wie gesagt, Antiochien – da waren Propheten und Lehrer etabliert, aber das ist nochmals ein Thema für sich. Es gibt auch heute noch Gemeinden, die von einem Apostel geleitet werden. Das sind meistens Gemeinden, die einen überdurchschnittlich breiten, überregionalen Einfluss haben. Diese braucht es und diese gibt es zu Recht, vor allem in Ballungszentren wie beispielsweise Jerusalem und Antiochien. Aber ich sage es nochmals: Sie sind die Ausnahme, sie sind nicht – auf jeden Fall nicht bei Paulus und nicht im Neuen Testament – die Regel!

Der normalerweise überregionale Charakter des apostolischen Dienstes steht nicht im Widerspruch dazu, dass es in Pioniersituationen vorkam, dass Apostel mit ihren apostolischen Teams, in denen immer ebenfalls verschiedene Charismen repräsentiert waren, auch einmal länger in einer Stadt oder Region verblieben. Aber das betraf die Gründungsphase. Sobald Älteste eingesetzt waren, wurden diese durch reisende Dienste aus dem Bereich der genannten vier Dienstgaben ergänzt und unterstützt – aber sie waren, nachdem sie eingesetzt waren, letztendlich alleinverantwortlich für die Gemeinde, die sie leiteten.

Für die Praxis meine ich, dass der fünffältige Dienst vor allem auf regionaler Ebene gefragt ist. Im Neuen Testament sind in der Ausbreitung der Gemeinde Jesu immer wieder entweder Ballungszentren (Jerusalem, Antiochien, Korinth, Ephesus, Rom ...) oder ländliche Regionen mit einer gewissen Gemeinsamkeit in Geschichte, Prägung, Sprache und Kultur (Galatien, Samarien, Mazedonien etc.) benannt. Meine persönliche Einschätzung ist, dass die Ebene von Ballungszentren bzw. Regionen, die eine relativ kompakte Prägung aufweisen, nicht die einzige, aber die wichtigste Ebene ist, auf der fünffältige Dienste zum Segen für das Gottesvolk wirksam werden sollten. Meines Erachtens nach bestehen auf dieser Ebene in der Praxis der größte Mangel und der größte Bedarf.

Um den entscheidenden Gedanken abschließend nochmals auf den Punkt zu bringen: Der neutestamentliche hebräische Ansatz des fünffältigen Dienstes ist die Alternative zum kirchengeschichtlich gewachsenen römischen Ansatz der fünf (oder weniger) hierarchischen Ebenen. Oder nochmals anders ausgedrückt: Nur wenn die Leiter als „Leib" unter dem Haupt Jesus miteinander harmonieren, können die Heiligen in aller Vielfalt und Reife als „Leib" aufblühen und gedeihen. Beides hängt unmittelbar miteinander zusammen. Und ich bin davon überzeugt, dass der Heilige Geist die Gemeinde, dessen Haupt Jesus ist, in den „Zeiten der Wiederherstellung," in denen wir leben, wieder in diese biblischen Wahrheiten zurückführen und sie zur eigentlichen, endzeitlichen Entfaltung bringen möchte.

Biblisch-hebräische Leiterschaft im gemeindlichen Zusammenhang

Zum Schluss möchte ich noch auf die Gemeindeleitung im engeren Sinn des Wortes zu sprechen kommen. Es ist sicher aufgefallen, dass es eine Dienstgabe im Spektrum des fünffältigen Dienstes gab, dessen Dienst eindeutig nicht überörtlichen Charakter hat: der Hirtendienst.

Angeregt von dem schon erwähnten Bibellehrer Derek Prince möchte ich folgende Beobachtung weitergeben: Es gibt im Neuen Testament zwei weitere Worte, die bei Paulus mit dem Begriff des Hirten praktisch auswechselbar sind: der Begriff des Ältesten und der Begriff des Bischofs. Diese drei Begriffe sind nicht synonym, also bedeutungsgleich, aber sie werden bei Paulus auswechselbar verwendet, wenn es um die Grundaufgabe geht, eine Gemeinde vor Ort kontinuierlich zu betreuen und zu versorgen. In unsystematischer Weise spricht Paulus mal vom Hirten, dann mal vom Bischof und vom Ältesten. Auf Griechisch heißt der Hirte *„poimen"*, der Bischof *„episkopos"* und der Älteste *„presbyteros"*. Um es noch einmal anders auszudrücken: In diesen drei Begriffen ist *keine* hierarchische Rangfolge enthalten! Wo die Begriffe Pastor (Hirte), Presbyter und Bischof für unsere Ohren eine hierarchische Komponente haben, so ist diese später hinzugekommen. Bei Paulus war sie nicht gegeben.

Was sehr markant bei Paulus war, wir hatten es schon erwähnt, ist das pluralistische – vielleicht sollten wir besser sagen: hebräische – Konzept von Leitung. Es muss für uns heute völlig befremdlich sein, dass in keinem einzigen seiner Gemeindebriefe in der Anrede ein Gemeindeleiter genannt wird. Immer ein Kollektiv: Älteste, Älteste und Diakone – oder die Gemeinde als Ganzes. Aber wenn wir uns diese Beobachtung auf der Zunge zergehen lassen, ahnen wir, wie unterschiedlich die paulinische, hebräisch-pluralistische Gemeindekultur von unserer westlichen, römisch-hierarchisch strukturierten Gemeindekultur ist.

Zurück zu den drei Begriffen. Warum spricht Paulus die Gemeindeleiter mal als Episkopos an, mal als Presbyter und mal als Poimen? Wenn sie keine hierarchische Bedeutung haben, was für eine Bedeutung haben sie dann, was für einen Hinweis enthalten sie? Ich möchte hier einen Vorschlag machen, eine ganz persönliche Gedankenanregung geben:

Jeder dieser drei Begriffe bezeichnet für mein Dafürhalten drei verschiedene Aspekte oder drei verschiedene Aufgabenstellungen der Gemeindeleiterschaft. Der Begriff *„poimen"* wird in der griechischen Sprache tatsächlich für den Schafhirten verwendet. Dies spricht meines Erachtens den Aspekt der Fürsorge an. Der Begriff *„episkopos"*, Bischof, kann am besten mit Aufseher übersetzt werden. Er hat die Gabe und Aufgabe, für Ordnung zu sorgen im Sinne von Klarheit und Orientierung. Und dann als Drittes: der Begriff des *„presbyteros"*, am besten übersetzt mit *„Ältester"*. Ich schlage vor, dass damit der Aspekt der Reife und Lebenserfahrung als wichtige Komponente innerhalb der Gemeindeleitung gemeint ist. Ich meine also, dass diese drei Persönlichkeitsmerkmale aus der Sicht des Paulus wünschenswerte Merkmale in einem Gemeindeleitungsteam sind: der Aspekt der Fürsorge, der Aspekt der Aufsicht oder Ordnung und der Aspekt der Reife. Und wenn ein Gemeindeleitungsteam Persönlichkeiten in ihren Reihen weiß, die diese drei Merkmale aufweisen, drei Merkmale, die einander ergänzen, ausbalancieren, schützen – dann hat die Gemeinde eine pluralistische Leitung, auf der ein großer Segen verheißen ist.

Wenn diese Leiterschaft in lebendiger Verbindung steht mit überregionalen apostolischen und prophetischen Persönlichkeiten, mit Lehrern und Evangelisten, dann bekommt sie von außen die Unterstützung und Ergänzung, die sie benötigt. Das ist meines Erachtens, sehr vereinfacht skizziert, die neutestamentlich-hebräische Alternative zum kirchengeschichtlich gewachsenen hierarchisch-römischen Modell.

Das Entscheidende: Liebe und Geduld

Ich möchte abschließend betonen, dass ich diese Gedanken als Anstöße verstehen möchte, nicht als ausgereifte Lehre oder Dogmatik. Als Wegweiser vielleicht, als Impuls, der mit Liebe und Geduld bewegt, behutsam aufgegriffen und noch behutsamer umgesetzt werden will. Es ist ein Beispiel, sicherlich ein markantes Beispiel dafür, was für ein Unheil dadurch geschehen ist, dass wir uns von den jüdischen Wurzeln abgetrennt haben. Und wie gesagt, man könnte ein Dutzend anderer Themen ansprechen, wo sich diese Ablösung, dieser Stolz, ebenso verhängnisvoll ausgewirkt hat. Und wo der Heilige Geist ebenso deutlich spricht und wirkt in Richtung Buße, Erneuerung und Wiederherstellung hin zu den biblisch-hebräischen Wurzeln und Offenbarungen.

Aber Achtung: das ist ein Prozess, ein Übergangsprozess, ein Veränderungsprozess, ein Lernprozess. Es geht nicht darum, ein Schema durch ein anderes zu ersetzen, eine Dogmatik durch eine andere, ein System durch ein anderes. Es geht vielmehr darum, sensibel zu sein, offen zu sein, wach zu sein und sich auf die Frage einzulassen: Heiliger Geist, wie möchtest Du mich als Leiter dazu gebrauchen, dass die Gemeinde in diesen „Zeiten der Wiederherstellung" aufblüht? Wie möchtest Du mich als Gemeindeglied positionieren, so dass ich als Glied am Leib meinen Platz finde und ich meinen unverwechselbaren, einmaligen Beitrag leiste, damit die Gemeinde aufblüht, in die Reife kommt, in die Liebe, in gegenseitige Dienstleistung?

Möge der Herr uns allen helfen mit sehr viel Geduld, mit Behutsamkeit, mit Rücksichtnahme aufeinander, in unterschiedlichem Tempo von Offenbarung, Erkenntnis und Umsetzungsfähigkeit Antworten auf die Frage zu suchen: Wie könnte dieses Wiederherstellungshandeln Gottes in meinem Leben und in meinem Einflussbereich Raum bekommen, wie könnte es wachsen und gedeihen? Der Herr segne uns und gebe uns viel Erbarmen. Ich bin gespannt, was uns in den nächsten Jahren und Jahrzehnten als Gemeinde durch den Heiligen Geist noch geschenkt werden wird.

Nachtrag zur weiteren Vertiefung: Das Wichtigste, was ich zum Wesen der neutestamentlichen Gemeinde und deren Leitungsgaben und -ämter gelesen habe, ist das zweiteilige Werk von Derek Prince über „Die Gemeinde". Im zweiten Band ist vom fünffältigen Dienst und der Funktion von Ältesten und Diakonen die Rede. Erhältlich beim „Internationalen Bibellehrdienst" in 83308 Trostberg (siehe Anzeige Seite 162).

KAPITEL 4

DIE NATIONEN IN DEN „ZEITEN DER WIEDERHERSTELLUNG"

Lesen wir noch einmal unsere Leitpassage für dieses Wochenende, Apostelgeschichte 3, ab Vers 18:

„Gott aber hat das, was Er durch den Mund aller Seiner Prophe-ten zuvor verkündigte, dass nämlich Christus leiden müsse, auf diese Weise erfüllt. So tut nun Buße und bekehret euch, dass eure Sünden ausgetilgt werden, damit Zeiten der Erquickung vom Angesicht des HERRN kommen und Er den euch vorherbestimmten Christus Jesus sende, welchen der Himmel aufnehmen muss bis auf die Zeiten der Wiederherstellung alles dessen, wovon Gott durch den Mund Seiner heiligen Propheten von alters her geredet hat."

Dies war nun schon zweimal unser Ausgangspunkt. Zweimal sind wir davon abgebogen in zwei unterschiedliche Offenbarungsstränge der Bi-bel. Einmal, wo es um Gottes Wiederherstellungshandeln an Israel zwi-schen dem ersten und zweiten Kommen Jesu ging. Die zweite Abzwei-gung führte uns in die Verheißungen für die Gemeinde Jesu zwischen dem ersten und zweiten Kommen Jesu hinein, und wir betrachteten ein paar Aspekte von Gottes Wiederherstellungshandeln an seiner Gemein-de, seiner Braut, seinem Leib.

Unser Auftrag als Gemeinde Jesu an den Nationen

Jetzt wollen wir die dritte Abzweigung betreten, nämlich das prophetische Wort in Bezug auf Israel, die Gemeinde und vor allem: die Nationen! Dafür will ich eine Brücke bauen, indem wir uns zwei neutestamentliche Stellen anschauen, die erst einmal die Gemeinde betreffen, gewissermaßen ein weiterer Aspekt seines Wiederherstellungshandelns an der Gemeinde. Lesen wir dazu die bekannten Verse aus Matthäus 5, ab Vers 13:

„Ihr seid das Salz der Erde. Wenn aber das Salz fade wird, womit soll es wieder salzig gemacht werden? Es taugt zu nichts mehr, als dass es hinausgeworfen werde und von den Leuten zertreten werde. Ihr seid das Licht der Welt. Es kann eine Stadt, die auf einem Berge liegt, nicht verborgen bleiben. Man zündet auch nicht ein Licht an und setzt es unter den Scheffel, sondern auf den Leuchter, so leuchtet es allen, die im Hause sind. Genauso soll euer Licht leuchten vor den Leuten, dass sie eure guten Werke sehen und euren Vater im Himmel preisen."

Salz der Erde. Licht der Welt. Das will Gott, auch gerade jetzt in „Zeiten der Wiederherstellung", neu in uns wirken, uns schenken, in uns erziehen, in uns fördern und von uns fordern, damit unsere Salzkraft auf dieser Erde, damit unsere Lichtkraft in dieser Welt zunehmen. Damit wir als seine Gemeinde, als sein Volk, zunehmend wieder Einfluss gewinnen in unsere Umgebung, in unser Umfeld und in die Gesellschaft hinein. Die zweite Stelle geht in die gleiche Richtung. 1. Petrusbrief, Kapitel 2, ab Vers 9:

„Ihr aber seid ein auserwähltes Geschlecht, ein königliches Priestertum, ein heiliges Volk, ein Volk des Eigentums, damit ihr die Tugenden dessen verkündiget, der euch aus der Finsternis zu Seinem wunderbaren Licht berufen hat, die ihr einst nicht ein Volk waret, nun aber Gottes Volk seid, und einst nicht begnadigt waret, nun aber begnadigt seid."

Hier wird Ähnliches mit anderen Worten gesagt: Nämlich, dass wir ein königliches und priesterliches Gottesvolk sein dürfen. Diese Berufung wurde zuerst Israel zugesprochen, aber wir sind durch Jesus in diese

Berufung mit „eingepfropft". Nicht gegen Israel, sondern im Zusammenwirken mit Israel. Gemeinsam berufen dazu, ein heiliges, ein priesterliches, ein königliches Volk zu sein, abgesondert vom Geist dieser Welt und beauftragt dazu, in der Kraft und im Geist Gottes unter der Herrschaft Jesu als Haupt eine königliche Priesterschaft zu werden. Ein priesterliches Volk, das bereit ist, durch seine Gebete und durch sein Leben in den Riss zu treten zwischen der immer gottloser werdenden Gesellschaft und dem lebendigen Gott.

Und die Art und Weise, in der wir das tun sollen, ist eine „königliche" Art und Weise. Das heißt, in enger Beziehung und Verbindung mit dem König der Könige und dem Herrn aller Herren. Mit Jesus, sitzend zur rechten Hand des Vater, wie es im Epheserbrief, Kapitel 1, heißt. Nicht als Schwanz, sondern als Haupt, entsprechend der Berufung Israels, wie es im 5. Buch Mose, Kapitel 28, ausgesprochen wurde. Im Vertrauen und Gehorsam zu Gott und seinem Wort dürfen wir den Segen Gottes erleben und in Jesus dieses königliche, regierende Mandat wahrnehmen. Als Priester, als Propheten, als Menschen, als ein Volk, das eine königliche Berufung trägt, um Salz zu sein in einer Welt, die immer mehr von Verderbnis geprägt ist, und um Licht zu sein in einer Zeit, die immer orientierungsloser wird.

Die Gemeinde Jesu zur Zeit der Apostel war genau dies. Und das Wiederherstellungshandeln Gottes, von dem immer wieder die Rede war, möchte erneut genau diese Berufung wiederbeleben und die Früchte hervorbringen, wie sie die Urgemeinde gesehen hat. Und wenn wir diese Früchte hervorbringen, dann werden wir wissen, dass wir im richtigen Geist unterwegs sind. An den Früchten wird sich messen lassen, ob unsere Salzkraft zunimmt, ob unsere Lichtkraft zunimmt, ob unser priesterliches Mandat mit Leben und Vollmacht gefüllt ist und unsere königliche Lebensweise einen Unterschied macht. Weil Gott einen Unterschied macht und in ihm der Unterschied ist.

Auf dem Hintergrund dieser Berufung, die wir als Gottesvolk haben, wollen wir uns jetzt weiter Gedanken darüber machen, wie diese drei prophetischen Stränge *Israel, die Nationen (bzw. Deutschland) und die Gemeinde* zusammengehören.

Die Erfüllung des Missionsbefehls

In meiner Einleitungsbotschaft gestern bin ich auf den Missionsbefehl gekommen. Matthäus 28,19–20:

„Darum gehet hin und machet zu Jüngern alle Völker: Taufet sie auf den Namen des Vaters und des Sohnes und des Heiligen Geistes und lehret sie halten alles, was Ich euch befohlen habe. Und siehe, Ich bin bei euch alle Tage bis an der Welt Ende."

Diese Botschaft Jesu steht mit der anderen in Verbindung, die wir auch schon angesprochen haben, ich meine Matthäus 24, Vers 14:

„Und dieses Evangelium vom Reich Gottes wird gepredigt werden unter allen Völkern, zum Zeugnis für alle Nationen, und dann wird das Ende kommen."

Mit anderen Worten: Jesus kommt nicht zurück, ehe nicht das Evangelium vom Reich Gottes allen Völkern proklamiert worden ist.

Fügen wir der Vollständigkeit halber nochmals die Aussage aus Römer 11,25–26 hinzu:

„Ich will euch, liebe Brüder, dieses Geheimnis nicht verhehlen, damit ihr euch nicht selbst für klug haltet: Verstockung ist einem Teil Israels widerfahren, so lange, bis die Fülle der Heiden zum Heil gelangt ist; und so wird ganz Israel gerettet werden ..."

Hier lesen wir, dass die Erfüllung des Missionsbefehls und die Errettung von ganz Israel miteinander verknüpft sind. Ihr seht, diese Dinge hängen eng miteinander zusammen: Die Wiederherstellung der Gemeinde, um das Evangelium mit Vollmacht in die Welt tragen zu können, die Erfüllung des Missionsbefehls und die geistliche Wiederherstellung Israels.

Wie ich in meiner Biografie erzählt habe, beschäftigten mich über die Jahre hinweg unterschiedliche Aspekte dieser Themen zu verschiedenen Zeiten unterschiedlich stark. Anfang der 90er Jahre war ich im

Leitungsteam von „Fürbitte für Deutschland". Manche von euch mögen sich an diese Zeit erinnern. Das letzte Jahrzehnt des 20. Jahrhunderts. Man bewegte sich auf die Jahrtausendwende zu. Das war motivierend. Das mobilisierte besondere Kräfte. Der Heilige Geist benutzte diese Zeitenwende in besonderer Weise.

Mit Blick auf die Erfüllung des Missionsbefehls spielte in dieser Zeit das Netzwerk des sogenannten „10/40 Fensters" (die Region der Welt zwischen dem 40. nördlichen und dem 10. südlichen Breitengrad; die am wenigsten mit dem Evangelium erreichten Völker der Welt) eine besondere Rolle. Anfang der 90er Jahre entstand ein weltumfassendes Netzwerk, maßgeblich vom angelsächsischen Bereich ausgehend, aber dann weltumspannend geknüpft. Es ging konkret um die Zielsetzung, das Evangelium vom Reich Gottes bis an die fernsten Enden der Erde zu tragen, in alle ethnischen Gruppierungen hinein.

Man ging da sehr zielstrebig und sehr geradlinig vor, man erstellte damals eine Definition, wer mit den unerreichten ethnischen Gruppierungen gemeint ist. Und wenn ich es richtig im Kopf habe, ging es um Gruppierungen, die größer als 100.000 Menschen waren, die eine gemeinsame Sprache hatten, die eine gemeinsame Geschichte und Kultur hatten und in denen weder ein Neues Testament in ihrer Sprache noch eine lebendige Gemeinde noch eine lebendige Zelle des Reiches Gottes in ihrer Mitte war.

Mit den bestmöglichen, professionellen Instrumentarien versuchte man herauszufinden, wie viele unerreichte Volksgruppen es gibt. Nach dieser Definition waren es Anfang der 90er Jahre ungefähr 13.000. Gut zehn Jahre später, das muss ungefähr 2003 gewesen sein, las ich noch einmal eine Studie von dem gleichen Netzwerk, und sie versuchten die Frage zu beantworten: Ja, was haben wir denn eigentlich erreicht bis zum Jahre 2000? Wie weit sind wir denn in unserem Anliegen gekommen? Und, wie gesagt, vielleicht 2002, 2003, gut zehn Jahre später, war das Ergebnis: Von den 13.000 unerreichten Volksgruppen sind etwa 1.200, 1.300 noch nicht erreicht. Das heißt 12.000 wurden erreicht! Und ich musste sofort an Matthäus 24,14 denken: Jesus wird nicht wiederkommen, bis alle Völker mit dem Evangelium erreicht sind. Und: das wird nicht mehr lange dauern!

Gott ist unterwegs! Der Geist Gottes ist unterwegs! Dieses Evangelium vom Reich Gottes wird gepredigt. Und wir leben in der Generation, wo wir nur einen kleinen Schritt davorstehen, dass dieses Evangelium vom Reich Gottes in der Tat bis an die fernsten Enden der Erde getragen sein wird. Und wir sind mit Gott und Gott ist mit uns unterwegs, dass das Evangelium vom Reich Gottes überallhin gelangt. Wenigstens ein Neues Testament in der Sprache jeder Volksgruppe und eine geistliche Zelle in ihrer Mitte. Lasst uns dafür beten, dass der Herr schnell zum Ziel kommt! Es ist ein Grund, Gott die Ehre zu geben, es ist ein Grund, sich zu freuen, zu sagen „Danke Herr, und binde uns ein in diesen großartigen Endzeitplan der Verkündigung des Evangeliums vom Reich Gottes bis an die fernsten Enden der Erde, hinein in alle Nationen, alle Volksgruppen, alle Sprachgruppen. Damit dermaleinst Menschen aus allen Sprachen und Zungen und Völkern Dich zusammen preisen werden."

Die Irrwege der Christenheit im Verhältnis zu den Völkern

Mit Blick auf die Nationen finden wir in der Bibel, und ganz besonders im Bereich biblischer Prophetie für die Endzeit, noch einen ganz wichtigen Offenbarungsstrang. Dieser ist leider dem größeren Teil der lebendigen Christenheit nicht so vertraut. Aber er ist genauso bedeutsam. Er hat mit Israel zu tun. Den Nationen und Israel. Und wir als Gemeinde haben auch hier eine Aufgabe. Und die ist genauso wichtig wie die Aufgabe, das Evangelium weiterzugeben – nämlich die Aufgabe, in unsere Gesellschaft hinein Salz und Licht und eine prophetische Stimme zu sein bezüglich der Beziehung unseres eigenen Volkes zu Israel.

Dass wir diesen Offenbarungsstrang der Bibel nicht in gleicher Weise in unseren Herzen und in unserem Lebensstil integriert haben, hängt wiederum mit der Kirchengeschichte und insbesondere mit der Kirchenväterzeit zusammen. Wenn die Christenheit das „neue Israel" ist, dann wurden alle Aussagen der Bibel bezüglich Israels und der Nationen allegorisch auf die Kirche und die Nationen übertragen. Israel war irrelevant. 1. Mose 12,3 war irrelevant. Der Abraham-Bund war irrelevant geworden. Für die Kirche. Aber nicht für Gott und nicht für Gottes Wort.

Und mit dem Verlust einer biblischen Sicht bezüglich Israel ist auch der Verlust einer biblischen Sicht für die Völker verloren gegangen: Gottes Liebe zu den Völkern. Gottes Plan mit den Völkern. Gottes Ringen um die Völker.

Durch die „Gottesstaat"-Theologie des Augustinus hat die Kirche eine triumphalistische Haltung gegenüber den Völkern eingenommen. Sie sah sich als die Herrscherin über die Völker. Die Kirche sagte zu den Völkern: „Wer mich segnet, der ist gesegnet, und wer mich verflucht, der ist verflucht." Triumphalistische Ersatztheologie.

Dann kamen die Reformation und der 30-jährige Krieg ins christliche Abendland. Tiefgreifende Erschütterungen. Erschütterungen, auf die Menschen sehr unterschiedlich reagierten. Viele Menschen wandten sich von Kirche und Gott ab, und die Aufklärung brach sich Bahn. Viele andere Menschen wandten sich von der organisierten Religion ab und fingen an, Gott von Herzen zu suchen. Die pietistischen Erweckungen brachen sich Bahn.

Aber auf Grund der Vorgeschichte schlug das Pendel ins andere Extrem aus: Sah sich die Kirche des Mittelalters als erhoben über alle Völker und Nationen, gab es noch zur Reformationszeit die Regel: Huius regio, cuius religio (die konfessionelle Zugehörigkeit des Herrschers bestimmte den Glauben der Untertanen), so zählte im Pietismus nur noch eins: der einzelne Mensch und seine persönliche Beziehung zu Gott. Und dann vielleicht noch der Nächste und dessen Errettung, dessen persönliche Beziehung zu Gott.

Die meisten von uns haben diese sehr individuelle pietistische Prägung mit unserer geistlichen Muttermilch mitbekommen. Wir haben sehr wohl mitbekommen, dass Gott ein Anliegen für die Einzelnen hat, für das Seelenheil des Einzelnen, die Wiedergeburt des Einzelnen – alles sehr zentrale biblische Anliegen. Ich möchte nicht im Geringsten auch nur irgendeinen Funken davon wegnehmen oder in Frage stellen. Ganz im Gegenteil, ich kann nur unterstreichen und bekräftigen, wie Gott jeden einzelnen Menschen liebt, wie Gott jeden einzelnen Menschen sucht, wie er ihn zieht, wie er um ihn wirbt und wie er ihn an den Punkt bringen möchte, dass er über seinen eigenen Stolz und sein Versagen Buße tut, sich reinigen lässt durch das Blut des Lammes und mit Jesus Seite an Seite und Hand in Hand durch das Leben geht, ihm gehorcht, ihm nachfolgt und Frucht trägt für ihn, und dann dermaleinst einen Ehrenplatz im Himmel bekommt. Das ist biblisch, das ist zentral, das ist „Ja und Amen"! Aber: Es ist nicht alles!

Dass Jesus so ein immenses Interesse an dem Einzelnen hat, heißt nicht, dass Jesus nicht auch Interesse an Völkern, an den Völkern dieser Erde haben könnte. Diese kollektive Dimension ist uns in den Wirren der Kirchengeschichte leider abhandengekommen. Aber: Wir leben in „Zeiten der Wiederherstellung". Und ich bin überzeugt davon, dass der Geist Gottes uns helfen möchte, auch diesen Aspekt biblischer Offenbarung wieder zu erkennen und zwischen der individuellen und der kollektiven Dimension des Reiches Gottes eine biblische Balance zu finden.

Das endzeitliche Gericht über die Völker

Mit einem Gleichnis aus dem Mund Jesu möchte ich in dieses Thema einen Schritt tiefer einsteigen. Eine Stelle, mit der viele Ausleger ihre Mühe haben. Im Rahmen meines Theologiestudiums habe ich dazu Verschiedenes gelesen. Es handelt sich um ein Gleichnis im Zusammenhang mit den Endzeitreden Jesu, also ein Gleichnis, das im Zusammenhang steht mit dem zweiten Kommen Jesu.

Im Matthäusevangelium beginnen Jesu Ausführungen über die Zukunft, besonders über die Endzeit, am Ende von Kapitel 23. Die Botschaft endet in Prosa am Ende von Kapitel 24. Danach schließen sich in Kapitel 25 drei Gleichnisse an, die ihrerseits die Botschaft von Kapitel 24 ergänzen und vertiefen: Das Gleichnis von den zehn Jungfrauen, von den Talenten und vom Völkergericht. Alles Endzeitgleichnisse. In den ersten beiden Gleichnissen spricht Jesus von der individuellen Ebene und er lehrt über das persönliche Verhalten jedes Gläubigen mit Blick auf die Wiederkunft Jesu. Im dritten Gleichnis geht es jedoch um die kollektive Ebene, um das Verhalten von Völkern mit Blick auf das zweite Kommen Jesu. Lesen wir dazu Matthäus 25, ab Vers 31:

„Wenn aber des Menschen Sohn in Seiner Herrlichkeit kommen wird und alle Seine Engel mit Ihm, dann wird Er sitzen auf dem Throne Seiner Herrlichkeit; und vor Ihm werden alle Völker versammelt werden,

und Er wird sie voneinander scheiden, wie ein Hirte die Schafe von den Böcken scheidet."

Die Einführung in dieses Gleichnis lässt keinen Zweifel: Es geht um das zweite Kommen Jesu: Mit der Aussage „Wenn der Herr wiederkommt in seiner Herrlichkeit" ist nicht sein Kommen in Bethlehem gemeint, sondern sein Wiederkommen in Macht und Herrlichkeit, im Schall der Posaunen, in den Wolken, so dass die ganze Welt es sehen wird – davon ist hier die Rede. Wenn er wiederkehrt, kommt er nicht zurück als das Lamm Gottes, als Baby, sondern er kommt zurück als der Löwe von Juda, mit einem scharfen Schwert in seinem Mund. Und mit diesem Schwert wird er die Schafe von den Böcken scheiden.

Wer sind die Schafe? Wer sind die Böcke? Es sind die Völker. In diesem Gleichnis geht es um die kollektive Ebene, um Völker, um Nationen. Und, wie gesagt, viele Bibelausleger und Prediger tun sich mit dieser Passage sehr schwer. Weil wir auf Grund der Kirchengeschichte, wie eben kurz skizziert, ein gebrochenes Verhältnis zur kollektiven Dimension des Handelns Gottes haben. Es hat mit dem zu tun, was ich eben schon erzählt habe, mit Kirchengeschichte, mit Augustinus und dem „Gottesstaat", mit dem theologischen Verständnis der katholischen Christenheit in Bezug auf ihren Status quasi als Repräsentant des 1.000-jährigen Reiches und mit der mittelalterlichen Auseinandersetzung zwischen dem Kaiser und dem Papst.

Auf Grund dieser Mischung von Ersatztheologie (die Kirche hat Israel ersetzt) und milleniaristischem Triumphalismus (wir leben im 1.000-jährigen Reich und die Kirche ist die von Gott eingesetzte Herrscherin über die Erde) und den nationalistischen Ausprägungen des Christentums in Europa ist diese Dimension des Wortes Gottes furchtbar pervertiert worden, noch bis in die jüngste Zeit hinein. Noch im Ersten Weltkrieg haben die deutschen Soldaten *„Gott mit uns"* auf die Waffen geschrieben. Das Gleiche haben die französischen und englischen Soldaten gemacht. Und dann sind sie aufeinander losgegangen und haben sich millionenfach niedergemetzelt. Wie zuvor schon im 30-jährigen Krieg. Wir sprachen darüber.

Aber, liebe Freunde, so wahr all diese Verirrungen und Verwirrungen sind, heißt das nicht, dass die Bibel – im Alten und im Neuen Testament – nichts Wesentliches über Gottes Sicht für die Nationen zu sagen hat. Und in diesem Gleichnis von den Schafen und den Böcken ist einer der wesentlichen Hinweise, dass diese kollektive Dimension vor Gott nach wie vor eine Bedeutung hat. Und je näher wir der Wiederkunft Jesu kommen, desto dringlicher stellt sich die Frage: Wer gehört zu den Schafen und wer gehört zu den Böcken? Und die Frage, die mich besonders bewegt, ist: Wo wird Deutschland landen? Bei den Schafen oder bei den Böcken?

Für mich ist dies ein sehr aktuelles und sehr wichtiges Anliegen. Zum einen deshalb, weil ich glaube, dass wir dem zweiten Kommen Jesu in großen Schritten entgegeneilen. Und zweitens, weil ich glaube, dass die entscheidende Verantwortung in dieser Frage bei der Gemeinde Jesu liegt. Und es macht einen entscheidenden Unterschied, ob wir als Gemeinde unsere priesterliche Verantwortung vor Gott und unsere prophetische Verantwortung vor den Menschen wahrnehmen. Ob wir gegenüber dieser Dimension des Evangeliums quasi geistlich kastriert sind und kastriert bleiben, wirkungslos bleiben, wie Salz, das seine Kraft verloren hat und das zertrampelt wird (Matthäus 5,13):

„Ihr seid das Salz der Erde. Wenn nun das Salz nicht mehr salzt, womit soll man salzen? Es ist zu nichts mehr nütze, als dass man es wegschüttet und lässt es von den Leuten zertreten."

Meine Einschätzung ist, dass genau dies der Kirche während des Dritten Reiches in großem Maße widerfahren ist. Wir hatten insgesamt wenig Salzkraft, wenig priesterlich-prophetische Kraft in einer antichristlichen Umgebung – und der Feind konnte auf uns herumtrampeln.

Ich möchte versuchen, diese schweren Dinge ohne Überheblichkeit und ohne Vorwurfshaltung meinerseits zu sagen. Niemand von uns kann sagen, wo er in dieser schweren Zeit gestanden und wie er sich verhalten hätte. Ich weiß nicht, wie ich durchgekommen wäre, wenn ich in der Zeit gelebt hätte, in der meine Großmutter gelebt hat.

Meine Großmutter väterlicherseits war eine tiefgläubige, hingegebene Christin. Sie kam zum Glauben bei einer sehr einflussreichen Glaubenspionierin im Osten Deutschlands, Mutter Eva Thiele-Winkler. Das war in der Zeit kurz nach dem Ersten Weltkrieg, etwa um die Zeit der großen Inflation herum. Sie ging dann in einen der Mädchenbibelkreise, die damals in großer Zahl aufsprossen. Sie lebte in Chemnitz, hat am Anfang der Nazizeit geheiratet, engagierte sich im Kirchenvorstand und war eine der Ersten aus ihrem Kirchenkreis, die sich der Bekennenden Kirche angeschlossen hat.

Und die hat Geschichten erzählen können, das sage ich euch, Geschichten von zwölf Jahren Nazizeit, und dann noch mal Geschichten von 15 Jahren DDR. Das ist ein Teil meines Erbes. Und es waren meine Großmutter und in etwas anderer Weise auch meine Mutter, die mich ins Reich Gottes hineingebetet haben. Ich verdanke meiner Großmutter sehr viel, und vielleicht verdanke ich ihr auch ein bisschen die Ernsthaftigkeit, mit der ich mit diesen Themen umgehe. Weil ich Geschichten gehört habe, Geschichten über Salzkraft und Lichtkraft, aber auch Geschichten über den Mangel davon.

Die Einheit von alttestamentlicher und neutestamentlicher Prophetie

Nun aber zurück zu Jesu Gleichnis vom Völkergericht in Matthäus 25,31ff. Viele Ausleger, viele Theologen und Prediger tun sich, wie gesagt, sehr schwer mit dem kollektiven Aspekt dieses Gleichnisses. Meistens wird dieser Aspekt ignoriert und man legt das Gleichnis ganz auf der individuellen Ebene aus, ganz ähnlich wie bei dem Gleichnis vom barmherzigen Samariter mit der zentralen Botschaft: Liebe deinen Nächsten wie dich selbst. Hilf dem Menschen, der in Not ist, und erweise ihm Barmherzigkeit.

Das ist eine äußerst wichtige Botschaft! Und durchaus auch ein Aspekt im Gleichnis vom Völkergericht. Aber mit Sicherheit nicht die zentrale Botschaft. Im Gleichnis vom barmherzigen Samariter geht es um Individualethik, um unser ganz persönliches Verhalten gegenüber Menschen in Not, Menschen, denen wir persönlich begegnen. Im Gleichnis vom Völkergericht geht es um Kollektivethik, um die Frage: Wie verhalten sich Völker. Und nach welchen Kriterien werden Völker gerichtet, wenn Jesus wiederkommt. Welches Volk wird zu den „Schafen" gerechnet? Welches Volk zu den „Böcken"? Das ist hier die Kernfrage und die Kernbotschaft.

Zum umfassenderen Verständnis dieses Gleichnisses vom Völkergericht gibt es einen wichtigen Schlüssel. Und der Schlüssel ist die Einheit zwischen alttestamentlicher und neutestamentlicher Offenbarung oder anders gesagt: Die Einheit zwischen Altem und Neuem Testament. Einheit heißt nicht Gleichheit. Natürlich sind Altes Testament und Neues Testament nicht gleich, nicht identisch, aber sie bilden gemeinsam eine Einheit. Und wenn man diese Einheit zerreißt, wenn man Jesus, Paulus, das Neue Testament nicht auf dem Hintergrund und dem Fundament des Alten Testaments liest, wenn man den biblisch-hebräischen Mutterboden der neutestamentlichen Offenbarungen nicht anerkennt, dann bleibt einem in Vielem das umfassende Verständnis der neutestamentlichen Botschaft und des Evangeliums verschlossen.

Paulus spricht an Timotheus in einem seiner Briefe eine sehr weitreichende Mahnung aus (2. Timotheus 3,14–16):

„Du aber bleibe bei dem, was du gelernt hast und was dir anvertraut ist; du weißt ja, von wem du gelernt hast und dass du von Kind auf die Heilige Schrift kennst, die dich unterweisen kann zur Seligkeit durch den Glauben an Christus Jesus. Denn alle Schrift, von Gott eingegeben, ist nütze zur Lehre, zur Zurechtweisung, zur Besserung, zur Erziehung in der Gerechtigkeit ...“

Von welcher Heiligen Schrift spricht hier Paulus? Welche Heilige Schrift hat Timotheus in seiner Kindheit über Jesus erzählt? Welche Heilige Schrift ist von Gott eingegeben? Es ist die Heilige Schrift, die wir heute leider oft etwas geringschätzig das Alte Testament nennen! Das Neue Testament gab es in schriftlicher Form noch nicht. Und diese Geringschätzung des Alten Testaments und damit verbunden die Geringschätzung dessen, was Paulus in Römer 11 den „Saft und die Fettigkeit des Ölbaums" nennt, des biblisch-hebräischen Mutterbodens der neutestamentlichen Gemeinde aus Juden und Heiden – diese Geringschätzung ist mit einem großen Verlust an Offenbarung und biblischer Fundierung verbunden. Aber – ich kann es nur immer wieder sagen: Wir leben in „Zeiten der Wiederherstellung"! Und der Heilige Geist ist dabei, seine Braut zu reinigen von derartigen Flecken, Runzeln und allem Makel, um uns durch das Wasserbad im Wort Gottes in die volle Schönheit, Fülle und Reife hineinzuführen.

Was heißt das Ganze nun in Bezug auf Gottes Sicht für die Völker im Allgemeinen und das endzeitliche Völkergericht im Besonderen? Der Schlüssel zum umfassenden Verständnis dieses Gleichnisses vom Völkergericht in Matthäus, Kapitel 25, ist die Kenntnis darüber, was das Alte Testament zu diesem Thema zu sagen hat. Wenn wir nicht verstehen, was das Alte Testament zum endzeitlichen Völkergericht uns an Offenbarung und Einsicht schenkt, kommen wir mit diesem Gleichnis Jesu nicht klar. Denn Jesus selbst bezieht sich in diesem Gleichnis darauf. Er verwendet bekannte Bilder und Begriffe auf dem alttestamentlichen Hintergrund. Und er setzt diese bei seinen jüdischen Zuhörern zu Recht voraus.

Die Entstehung der Völker und der Segensbund mit Noah

Doch ehe wir das Thema Völkergericht weiter vertiefen, möchte ich den Bogen auf der Grundlage der gesamten Bibel – Altes und Neues Testament – noch etwas weiter spannen. Das halte ich für sehr nötig, damit wir nicht in eine Enge hineinrutschen, die weder dem Herzen noch dem Wort Gottes entspricht.

Wenn wir die Bibel als eine Einheit sehen, dann gewinnen wir dadurch einen ganz entscheidenden Vorteil: Wir können nach dem Anfang und dem Ende einer biblischen Offenbarung fragen. Mir persönlich ist das eine ganz große Hilfe, und ich möchte diesen Gedanken gerne für euer persönliches Bibelstudium weitergeben: Egal, um welches Thema es sich handelt – der Anfang der biblischen Offenbarung und der Abschluss der biblischen Offenbarung zu diesem Thema sind immer von großer Bedeutung. Wenn wir ein Verständnis vom Anfang und vom Ende einer Offenbarungslinie haben, haben wir zwei entscheidende Fixpunkte, die uns helfen, die Offenbarungsgeschichte dazwischen richtig einzuordnen und nicht in Einseitigkeiten und Enge zu verfallen. Deswegen sind die beiden biblischen Bücher Genesis und Offenbarung so wichtig, denn für viele biblische Offenbarungsstränge liegen in diesen beiden Büchern der Anfang und das Ende dieser Linie.

Ich möchte dies gerne am Beispiel der biblischen Offenbarung von den Völkern skizzieren.

Ich möchte die Frage in den Raum stellen – und das müsst ihr jetzt nicht laut beantworten, aber denkt einmal im Stillen darüber nach: Wann sind in der Bibel zum ersten Mal die Völker erwähnt? Und wann sind in der Bibel zum letzten Mal die Völker erwähnt? Nehmt euch mal ein paar Sekunden Zeit und denkt darüber nach.

Zum ersten Mal sind die Völker erwähnt in 1. Mose, Kapitel 10. Im Zusammenhang mit der Sintflut- und der Noahgeschichte von 1. Mose 8 und 9.

„Noah aber baute dem HERRN einen Altar und nahm von allem reinen Vieh und von allen reinen Vögeln und opferte Brandopfer auf dem Altar. Und der HERR roch den lieblichen Geruch und sprach in Seinem Herzen: ... Solange die Erde steht, soll nicht aufhören Saat und Ernte, Frost und Hitze, Sommer und Winter, Tag und Nacht." *(1. Mose 8,20–22)*

„Und Gott segnete Noah und seine Söhne und sprach: Seid fruchtbar und mehret euch und füllet die Erde." (1. Mose 9,1)

„Und Gott sagte zu Noah und seinen Söhnen mit ihm: Siehe, ich richte mit euch einen Bund auf und mit euren Nachkommen ..." (1. Mose 9,8–9)

Gott schloss mit Noah, seinen Söhnen und allen deren Nachkommen einen Bund. Und Gott versprach Noah unter dem Zeichen des Regenbogens mehrere Dinge, unter anderem, dass nie mehr eine derartige Flut passieren wird, und, unter anderem, dass die Naturgesetze intakt bleiben werden. Sommer und Winter, Saat und Ernte sollen niemals aufhören. Und ich hoffe, dass wir alle verstehen: das ist ein Gnadenbund, das ist ein Segensbund. Ein Gnadenbund und ein Segensbund mit der gesamten Menschheit, die nach Noah entstanden ist. Und unter diesem Gnaden- und Segensbund sind aus den Söhnen Noahs und deren Frauen heraus die

Völker entstanden. Davon ist in Kapitel 10 ausführlich die Rede, das mit folgendem Satz endet (1. Mose 10,32):

„Das sind nun die Nachkommen der Söhne Noahs nach ihren Geschlechtern und Völkern. Von denen her haben sich ausgebreitet die Völker auf Erden nach der Sintflut."

Mir erscheint dies so entscheidend wichtig zu sein: Das Erste, was Gott den Völkern zuspricht, was geprägt ist von Liebe, von Gnade, von dem Wunsch zu segnen, ist: *„Ich möchte, dass es euch gut geht. Saat und Ernte, Sommer und Winter sollen in diesem Zeitalter niemals mehr aufhören."* Darauf bezieht sich auch Jesus, wenn er in Matthäus 5,45 sagt:

„Denn Er lässt Seine Sonne aufgehen über Böse und Gute und lässt regnen über Gerechte und Ungerechte."

Gott liebt die Völker. Ihm genügte zum Ausdruck seiner Kreativität, seiner Vielfalt und seines Reichtums die individuelle Ausdrucksform vieler einzelner Menschen nicht. Die Völkerwelt entspricht seinem Wunsch. Er hat sie ins Leben gerufen. Er hat sie gesegnet, so wie es in 5. Mose 32,8 auch heißt:

„Als der Höchste den Völkern Land zuteilte und der Menschen Kinder voneinander schied, da setzte Er die Grenzen der Völker ...."

Zusammengefasst lässt sich also sagen: Die Entstehung der Völkerwelt war von Gottes Liebe, von seiner Gnade und von seinem Wunsch zu segnen motiviert. Die Entstehung der Völkerwelt stand unter dem Gnadenzeichen des Regenbogens, unter dem Wohlwollen des Noah-Bundes.

Die Heilung der Völker am Ende der Menschheitsgeschichte

Nun zur zweiten Frage: Wann sind die Völker zum letzten Mal in der Bibel erwähnt? Um die Antwort darauf zu finden, müssen wir ganz ans Ende der Bibel gehen. In das letzte Buch der Bibel. In das letzte Kapitel des letzten Buches der Bibel, in Offenbarung 22. In den ersten Versen dieses Kapitels bekommen wir den letzten Einblick, den Gott uns in die vor uns liegende ewige Herrlichkeit gewährt. Kapitel 21 spricht von der

Braut und dem Lamm, vom neuen Jerusalem, von der herrlichen Zukunft der Erlösten aus Juden und Nichtjuden im Glanz der Liebe und Gegenwart Gottes. Und in Offenbarung 22,1–2 heißt es dann:

> *„Und er zeigte mir einen Strom lebendigen Wassers, klar wie Kristall, der ausgeht von dem Thron Gottes und des Lammes; mitten auf dem Platz und auf beiden Seiten des Stromes Bäume des Lebens, die tragen zwölfmal Früchte, jeden Monat bringen sie ihre Frucht, und die Blätter der Bäume dienen zur Heilung der Völker."*

Wow! „Die Blätter der Bäume dienen zur Heilung der Völker!" Was für eine Verheißung!

Wer hat schon mal darüber nachgedacht, dass es in der ewigen Herrlichkeit auch erlöste Völker gibt und nicht nur erlöste Individuen? Ich behaupte nicht, dass ich alles oder auch nur einiges von dem verstehe, was dies alles beinhaltet. Gott spricht nicht sehr viel darüber. Aber was er sagt, ist sehr bewegend – und mag mir auch genügen: Gott meint es gut mit den Völkern. Völker haben eine Bedeutung in seinem Herzen. Wenn er Vorsorge dafür trifft, dass Völker geheilt werden, dann heißt es, Gott hat eine Wertschätzung, eine Liebe zu den Völkern.

Ich vermute einmal, dass das, was Gott so an den Völkern liebt, mit dem vergleichbar ist, was er an den einzelnen Menschen liebt: die Vielfalt, die Buntheit, den Reichtum, die Kreativität. Wenn man es sich überlegt, wie bunt Gott die Schöpfung und die Natur geschaffen hat, wie vielfältig, dann brauchen wir uns nicht darüber wundern. Wie er den Kosmos und die Schöpfung in unermesslicher Großzügigkeit und Vielfalt geschaffen hat, so auch die Menschheit.

Da gibt es die individuelle Vielfalt, und mit den Völkern gibt es eine kollektive Vielfalt, und Gott liebt all diese Facetten und Dimensionen. Gott schuf den Mikrokosmos und er schuf den Makrokosmos. Gott schuf jeden einzelnen Menschen und er schuf die Völker. Er liebt jeden einzelnen Menschen – und er liebt die Völker. Gott ist Gott. Unerschöpflich. Unermesslich. Unfassbar. Bewegt von Liebe, Gnade und Erbarmen. Wie Paulus am Ende von Römer 11 auch als sein Verständnis vom Ziel der Geschichte mit Israel und den Nationen betont (Römer 11,32–36):

„Denn Gott hat alle eingeschlossen in den Ungehorsam, damit Er sich aller erbarme. O welch eine Tiefe des Reichtums, beides, der Weisheit und der Erkenntnis Gottes! Wie unbegreiflich sind Seine Gerichte und unerforschlich Seine Wege! Denn »wer hat des HERRN Sinn erkannt, oder wer ist sein Ratgeber gewesen«? (Jesaja 40,13) Oder »wer hat Ihm etwas zuvor gegeben, dass Gott es ihm vergelten müsste«? (Hiob 41,3) Denn von Ihm und durch Ihn und zu Ihm sind alle Dinge. Ihm sei Ehre in Ewigkeit! Amen."

Wenn das nicht ein Grund ist, Gott zu preisen und anzubeten!

Ich möchte zusammenfassen: Der Anfang und das Ende der biblischen Offenbarung von Gottes Verhältnis zu den Völkern ist von Gnade, von Segen, von Liebe geprägt. Das ist die große Klammer, welche die ganze Offenbarungsgeschichte in der Bibel zu diesem Thema umschließt.

Ich halte das für außerordentlich wichtig. Gerade deshalb, weil wir im Folgenden auch über Gericht sprechen müssen, über sehr ernste Dinge. Wie ich schon sagte: Wenn wir den Anfang und das Ende nicht im Blick haben, dann besteht die Gefahr der Engführung, die Gefahr, dass wir die biblische Balance verlieren. Gericht ist nie Gottes erste Wahl. Gericht ist auch nie Gottes letztes Wort. Allerdings, wenn wir Gottes Liebe, seine Gnade und seine Segensabsichten zurückweisen, dann ist Gericht sehr wohl eine Realität, die es sehr ernst zu nehmen gilt.

Der Turmbau zu Babel und Gottes Antwort darauf

Im 1. Mose, Kapitel 10, lesen wir von der Entstehung der Völkerwelt und dem Segen des Noah-Bundes. 70 Völker aus den drei Söhnen Noahs und der Frauen heraus. 7 x 10 ist eine wichtige Zahlenkombination, die symbolisch für die gesamte Völkerwelt steht.

Und wie geht die Geschichte weiter? Davon lesen wir in 1. Mose 11 und 12. Für eine gewisse Zeit, man weiß nicht wie lange, lebten die Völker unter dem Segen von Saat und Ernte, unter dem Zeichen des Regenbogens, im Wechsel der Jahreszeiten, unter dem Wohlwollen Gottes. Doch irgendwann genügte das den Völkern nicht mehr. Irgendwann kam es dann zu so etwas wie einem kollektiven Sündenfall. Und der ist repräsentiert in dem Bericht vom Turmbau zu Babel. Die Völker sind selbstgenügsam geworden, irgendwann stolz und überheblich geworden und sagten zueinander (1. Mose 11,4):

> *„Wohlauf, lasst uns eine Stadt und einen Turm bauen, dessen Spitze bis an den Himmel reiche, damit wir uns einen Namen machen ..."*

Hier meldet sich der autonome Mensch, wie man heute sagen würde. Der Mensch, der sagt: „Ja, warum brauchen wir eigentlich Gott? Wir sind uns selbst genug. Wir erreichen unsere Ziele auch ohne Gott. Und eigentlich ist das besser so, denn dann fällt alle Ehre uns zu. Wir bekommen einen großen Namen." Die Kraft lag in der Einheit, der Einheit der Sprache, der Einheit des Zieles (1. Mose 11,6):

> *„Und der HERR sprach: Siehe, es ist einerlei Volk und einerlei Sprache unter ihnen allen und dies ist der Anfang ihres Tuns ..."*

Der Mensch sagte sich: „Was auch immer wir wollen, wenn wir nur fest dran glauben und zusammenhalten, dann schaffen wir das. Ganz ohne Gott!" Das war im Prinzip die Geburtsstunde des Humanismus, der Selbstverwirklichung und Selbstentfaltung des Menschen ohne Gott. Der Turmbau zu Babel. Der kollektive Sündenfall. Ein Ereignis, das in mancherlei Hinsicht durchaus vergleichbar ist mit dem individuellen Sündenfall von Adam und Eva. Und dieser babylonische Geist war von da an und ist bis heute immer die große Versuchung der Menschheit. Der Geist des Stolzes, der Unabhängigkeit, der Rebellion. In diesem Geist trachteten Menschen aller Zeiten und Kulturen nach Macht und Bedeutung, nach vermeintlicher Freiheit und Unabhängigkeit. Ganz wie es im zweiten Psalm so treffend ausgedrückt wird (Psalm 2,1–3):

> *„Warum toben die Heiden und murren die Völker so vergeblich? Die Könige der Erde lehnen sich auf, und die Herren halten Rat miteinander wider den HERRN und Seinen Gesalbten: »Lasset uns zerreißen ihre Bande und von uns werfen ihre Stricke!«"*

Dieser Gefährdung waren alle Weltmächte von den Ägyptern zu den Assyrern, Babyloniern, Persern, Griechen und Römern bis hin zu den

Imperien und Weltmächten der neueren Zeit ausgesetzt – bis hin zu den internationalen Konglomeraten der Gegenwart wie die UN und die EU.

Und wie antwortete Gott auf diesen Ausbruch von Stolz, Unabhängigkeit und Rebellion? Gott antwortete auf dreifache Weise. Lesen wir, wie der Bericht vom Turmbau zu Babel weitergeht (1. Mose 11,7–10). Gott sprach:

> *„Wohlauf, lasst uns herniederfahren und dort ihre Sprache verwirren, dass keiner des andern Sprache verstehe! So zerstreute sie der HERR von dort in alle Länder, dass sie aufhören mussten, die Stadt zu bauen. Daher heißt ihr Name Babel, weil der HERR daselbst verwirrt hat aller Länder Sprache und sie von dort zerstreut hat in alle Länder. Dies ist das Geschlecht Sems: ..."* Es folgt ein ausführliches Geschlechtsregister von Sem bis Abram, das mit Vers 26 endet: *„... Terach war 70 Jahre alt und zeugte Abram, Nahor und Haran."*

Hier lesen wir die dreifache Reaktion Gottes. Erstens: Er zerstreute ihre Sprache. Zweitens: Er zerstreute sie über die ganze Erde – und drittens: Er berief Abraham!!! Die Verwirrung der Sprache war eine Antwort des Gerichts. Die Zerstreuung über alle Erde ebenfalls. Aber die Berufung Abrahams, liebe Geschwister, war eine Antwort der Liebe und eine geöffnete Tür hinein in die Segens- und Erlösungsabsichten Gottes für die Völker. Lesen wir die berühmten Worte aus 1. Mose 12,1–3:

> *„Und der HERR sprach zu Abram: Geh aus deinem Vaterland und von deiner Verwandtschaft und aus deines Vaters Hause in ein Land, das Ich dir zeigen will. Und Ich will dich zum großen Volk machen und will dich segnen und dir einen großen Namen machen, und du sollst ein Segen sein. Ich will segnen, die dich segnen, und verfluchen, die dich verfluchen; und in dir sollen gesegnet werden alle Geschlechter auf Erden."*

Ich halte es für sehr bedeutsam, den inneren Zusammenhang von 1. Mose 9–12 zu sehen: Gott segnete die Menschheit im Noah-Bund und erschuf die Völker unter diesem Segen. Die Völker rebellierten gegen Gott. Er musste sie richten, indem er die Grundlage ihrer Einheit zerstörte. Doch er beließ es nicht dabei. Er schuf einen heilsamen Ausweg aus diesem Dilemma. Er hat die Völker nicht wieder vernichtet. Er hielt sein Wort, das er zugesagt hat.

Aber was ist dieser Heilsweg? Sein Heilsplan, sein Erlösungsausweg ist in Kapitel 12 die Berufung eines Mannes. Und in Verbindung mit der Berufung eines Mannes die Berufung eines Volkes. Eines Volkes, das anders sein soll als die anderen Völker. Ein heiliges Volk, ein für Gott abgesondertes Volk, ein Volk, zu dem der Herr reden kann und das zum Herrn redet. Ein Volk, das der Herr formen, prägen und gestalten kann, um genau das zu sein, was wir in 1. Petrus 2 gelesen haben, nämlich ein heiliges Volk, ein königliches Volk, eine Priesterschaft zum Segen für die Völker dieser Erde. Für die Völker, die in Ablehnung, in Stolz, vielleicht sogar in Hass gegen Gott stehen – und die Gott liebt und zu denen Gott sprechen will. Und er hat sich entschieden, zu diesen Völkern in einer Sprache zu sprechen, die sie am besten verstehen können: durch ein anderes Volk. Durch ein Volk, das ihm zu eigen ist. Das ist die Geschichte von 1. Mose 9 bis 12. Das ist die Ursprungsgeschichte von den Völkern und, damit verbunden, die Ursprungsgeschichte von Israel. Lesen wir noch einmal 1. Mose 12,3:

Das Volk, das dich segnet, wird gesegnet.
Das Volk, das dir flucht, wird verflucht.

„Ich will dich segnen und die segnen, die dich segnen, und verfluchen, die dir fluchen; und durch dich sollen alle Geschlechter auf Erden gesegnet werden!"

Das hebräische Wort für Geschlecht ist: *„mishpachah"*. Es ist ein Wort mit einem breiten Bedeutungsspektrum. Dieses reicht von Großfamilie über Sippe, über Clan bis hin zum Volk. Und der Abstand zwischen Sippe und Volk war zu Abrahams Zeit nicht so breit wie er heute ist. Gott hat versprochen, Israel zu segnen. Und er sagte, dass er durch Israel die Völkerwelt segnen möchte.

Aber es gibt eine Bedingung für die Völker: Sie müssen diese besondere Berufung Israels anerkennen. Indem sie dieser besonderen Wahl Gottes, dieser Berufung Gottes Respekt zollen, zollen sie dem Gott Respekt, der diese Wahl und Berufung ausgesprochen hat. Es ist ein Akt der Demut. Ein Akt der Anerkennung von Gottes Souveränität. Eine Art Medizin gegen die Krankheit des Stolzes und der Unabhängigkeit von Gott. Und letztlich ein Akt der Buße über den Geist Babels, dem sie sich hingegeben haben.

Das Volk, das bereit ist, diese Haltung der Demut einzunehmen, wird von Gott gesegnet. Und das ist Gottes Herz und Gottes eindeutiger Wille für alle Völker, wie wir gesehen haben. Die Völker jedoch, die in Hochmut und Hartherzigkeit verbleiben, ziehen Gottes Gericht auf sich.

Und mein Verständnis der Bibel ist, dass dieses Grundgesetz Gottes für die Völker nie außer Kraft gesetzt worden ist. Ich wüsste nicht, wo. Und ich wüsste nicht, wann. Im Gegenteil: Für mein Dafürhalten liegt der Offenbarungsursprung von Matthäus 25,31ff in 1. Mose 12,3. Um diese Behauptung zu belegen, müssen wir nun noch etwas tiefer in die alttestamentliche Offenbarung vom endzeitlichen Völkergericht eintauchen.

Die Nationen auf dem Weg in das „Tal der Entscheidung"

In dieser nun folgenden Untersuchung wollen wir uns der Antwort auf die Frage nähern, auf Grund welcher Kriterien Jesus bei seiner Wiederkunft die „Schaf-Nationen" von den „Bock-Nationen" scheiden wird.

Was sagt das Alte Testament im Bezug auf Völkergericht? Es ist ein Thema, das immer wieder auftaucht. Deswegen beschränken wir uns auf die Passagen im Alten Testament, wo nur vom endzeitlichen Völkergericht die Rede ist, also von dem Zeitabschnitt, der uns besonders nahe ist.

Die beiden Propheten im Alten Testament, die am ausführlichsten und konkretesten über das endzeitliche Völkergericht gesprochen haben, sind der Prophet Sacharja und der Prophet Joel, jeweils gegen Ende der beiden prophetischen Bücher. Mit Sacharja 12–14 haben wir uns schon etwas befasst. Deshalb wenden wir uns jetzt zunächst einmal dem Propheten Joel zu. Lesen wir Kapitel 4,1–3 + 13–14:

„Denn siehe, in jenen Tagen und zur selben Zeit, da Ich das Geschick Judas und Jerusalems wenden werde, will Ich alle Heiden zusammenbringen und will sie ins Tal Joschafat hinabführen und will dort mit ihnen rechten wegen Meines Volks und Meines Erbteils Israel, weil sie es unter die Heiden zerstreut und sich Mein Land geteilt haben; sie haben das Los um Mein Volk geworfen und haben Knaben für eine Hure hingegeben und Mädchen für Wein verkauft und vertrunken ... Greift zur Sichel, denn die Ernte ist reif! Kommt und tretet, denn die Kelter ist voll, die Kufen laufen über, denn ihre Bosheit ist groß! Es werden Scharen über Scharen von Menschen sein im Tal der Entscheidung; denn des HERRN Tag ist nahe im Tal der Entscheidung."

Diese Verse sind dicht gefüllt mit einer reichen prophetischen Bildsprache und mit gewaltigen und erschütternden Aussagen. Nehmen wir uns die Zeit und gehen Schritt für Schritt durch diese Verse und versuchen zu verstehen, wovon sie konkret reden.

Der Zeitfaktor: Wann kommt es zum Völkergericht im „Tal der Entscheidung"?

Die erste Frage, die wir näher untersuchen wollen, ist die Frage: Von welcher Zeit spricht der Prophet hier? Wir finden in dieser Passage und im Kontext dieser Passage eine Reihe von sehr aussagekräftigen Hinweisen. Die drei wichtigsten zeitlichen Hinweise möchte ich aufgreifen.

1. „In jenen Tagen und zur selben Zeit."

Von welchen Tagen und von welcher Zeit spricht der Prophet hier? Es sind die Tage und es ist die gleiche Zeit, in denen sich die Dinge ereignen werden, die in den Versen vorher angesprochen sind. Lesen wir einmal diese Verse (Kapitel 3,1–5):

„Und nach diesem will Ich Meinen Geist ausgießen über alles Fleisch, und eure Söhne und Töchter sollen weissagen, eure Alten sollen Träume haben, und eure Jünglinge sollen Gesichte sehen. Auch will Ich zur selben Zeit über Knechte und Mägde Meinen Geist ausgießen. Und Ich will Wunderzeichen geben am Himmel und auf Erden: Blut, Feuer und Rauchdampf. Die Sonne soll in Finsternis und der Mond

in Blut verwandelt werden, ehe denn der große und schreckliche Tag
des HERRN kommt. Und es soll geschehen: Wer des HERRN Namen
anrufen wird, der soll errettet werden. Denn auf dem Berge Zion und
zu Jerusalem wird Errettung sein, wie der HERR verheißen hat, und
bei den Entronnenen, die der HERR berufen wird."

Wem kommen diese Verse bekannt vor? Vor allem die ersten zwei
oder drei? Den meisten von uns. Dies sind die Verse, die von der weltweiten Ausgießung des Heiligen Geistes sprechen. Dies ist eine der defi-
nitorischen Schlüsselbibelstellen der pfingstlich-charismatischen Erneuerung der letzten 100 Jahre. Mit Recht! Wie wir schon gehört haben,
sind die weltweite Ausgießung des Heiligen Geistes wie auch die zü-
gige Erfüllung des Missionsbefehls mächtige Zeichen dafür, dass wir in
den „Zeiten der Wiederherstellung", in der Endzeit im engeren Sinn des
Wortes, leben. Wir haben gehört: Die Wiederherstellung der Gemeinde
Jesu und die physische und geistliche Wiederherstellung Israels gehen
Hand in Hand.

Eine Frage, die unter Theologen intensiv diskutiert wird, ist die Frage,
von welcher Zeit bestimmte Prophetien sprechen. Die liberalen Theologen geben sich sehr viel Mühe zu belegen, dass es eigentlich keine
Prophetie im engeren Sinn gibt. Für sie ist die prophetische vor allem
eine religiöse Interpretation gegenwärtigen Geschehens. Evangikale-
le Theologen und Bibellehrer neigen dazu, viele der alttestamentlichen
Prophetien auf die Zeit nach dem zweiten Kommen Jesu zu verlegen.
Besonders solche Stellen, wo es um Israel und wo es um Gericht geht.
Deswegen ist die Zeitfrage so wichtig. Deswegen möchte ich versuchen,
hier möglichst sorgfältig und genau zu sein.

Was diese Stelle betrifft, haben wir einen großen Vorteil: Diese Stelle
wird im Neuen Testament zitiert! Und zwar in der Predigt des Petrus zu
Pfingsten. Wir lesen einen Ausschnitt davon (Apostelgeschichte 2,15–17):

„Denn diese sind nicht betrunken, wie ihr meint, ist es doch erst die
dritte Stunde am Tage; sondern das ist's, was durch den Propheten
Joel gesagt worden ist (Joel 3,1–5): »Und es soll geschehen in den
letzten Tagen, spricht Gott, da will Ich ausgießen von Meinem Geist
auf alles Fleisch; und eure Söhne und eure Töchter sollen weissagen,

und eure Jünglinge sollen Gesichte sehen, und eure Alten sollen Träu-me haben; ...«"

Und dann fährt Petrus fort, die gesamte Passage von Joel 3,1–5 zu zitieren. Damit ist klar: Die Erfüllung von Joel 3,1–5 liegt nicht in der alttestamentlichen Zeit, sie liegt auch nicht im 1.000-jährigen Reich – sie beginnt mit Pfingsten! Von dort, von Jerusalem, setzt sie sich fort über Judäa und Samaria bis an die Enden der Erde. Die weltweite Ausgießung des Heiligen Geistes ist verknüpft mit der weltweiten Verkündigung des Evangeliums.

Mit anderen Worten: Die weltweite Dimension und Entfaltung ge-schah nicht zu Pfingsten, auch nicht im Mittelalter, auch nicht in der Re-formationszeit, auch nicht in den pietistischen und sonstigen Erweckun-gen des 17. bis 19. Jahrhunderts in Europa und Amerika. Das waren alles wichtige Schritte auf dem Weg. Aber eine weltweite Größenordnung von Erweckung und Geistausgießung passiert zum ersten Mal in dieser glo-balen Größenordnung Ende des 19./Anfang des 20. Jahrhunderts. Zur gleichen Zeit, als die Rückführung des jüdischen Volkes begann, die letztendlich zur Staatsgründung Israels führte.

Und auf den eigentlichen Höhepunkt bewegen wir uns erst noch zu: Je näher wir der Rückkehr des Herrn kommen, desto stärker wird die Entfaltung, die Explosionskraft des Heiligen Geistes und die vollstän-dige Erfüllung dieser Verheißungen sein. Erst im unmittelbaren Vorfeld der Wiederkunft Jesu wird die Vollzahl der Heiden eingesammelt sein, und dann wird zu guter Letzt ganz Israel gerettet werden, Römer 11. Dann erst wird das jüdische Volk in einer nationalen Größenordnung den erkennen, den sie durchbohrt haben. Und dann erst wird Jesus auf den Ölberg wiederkommen. Das sind die Zeiten, in denen wir leben.

Und damit zurück zu unserer eigentlichen Fragestellung: Auf welche Zeit hin ist das Völkergericht von Joel 4 vorhergesagt? Wir haben die erste Zeitangabe: „In neutestamentlichen Tagen und in neutestament-licher Zeit" (in Anlehnung an Joel 4,1). Damit zum zweiten zeitlichen Hinweis:

2. „Wenn ich die Gefangenen Judas und Jerusalems zurückbringen will."

Liebe Freunde, hier eine wichtige Frage an euch: Wann, in neutestamentlicher Zeit, bringt Gott die Gefangenen Judas und Jerusalems zurück? Wir haben es gerade wieder angesprochen: Das geschah nicht zur Zeit Jesu und der Apostel. Da sind sie gerade von den Römern nach der Zerschlagung der beiden jüdischen Aufstände in den Jahren 70 und 135 n. Chr. in alle Welt zerstreut worden. Dies geschah auch nicht in größerer und kontinuierlicher Weise in den Jahrhunderten danach, wenngleich es immer wieder jüdische Rückkehrer in das Land ihrer Väter gab. Dies begann erst vor gut 100 Jahren zu geschehen. Und es geschieht bis heute, vor unseren Augen.

3. „Denn des HERRN Tag ist nahe im Tal der Entscheidung."

Schließlich finden wir in diesem Zusammenhang noch als dritte Zeitangabe die Rede vom „Tag des Herrn". Wir haben schon gehört, dass diese oder ähnliche Formulierungen im Alten Testament etwa 80 Mal vorkommen. Und wenn im Alten Testament vom „Tag des Herrn" die Rede ist, dann weiß uns das Neue Testament zu sagen, dass damit der Tag der Wiederkunft des Herrn gemeint ist. Das ist der Tag, von dem Jesus in Matthäus 25,31f sagt: „Wenn aber der Menschensohn kommen wird in seiner Herrlichkeit und alle Engel mit ihm, dann wird er sitzen auf dem Thron seiner Herrlichkeit, und alle Völker werden vor ihm versammelt werden ..." Es ist auf jeden Fall eine prophetische Formulierung mit einem eindeutigen Bezug zu den letzten Tagen, zur Endzeit.

Damit ist aus meiner Sicht hinreichend geklärt, von welcher Zeit diese Prophetie spricht, wenn sie sagt (Joel 4,14):

„Es werden Scharen über Scharen von Menschen sein im Tal der Entscheidung; denn des HERRN Tag ist nahe im Tal der Entscheidung."

Mit anderen Worten: Das alttestamentliche „Tal der Entscheidung" ist identisch mit dem neutestamentlichen Tag der Scheidung zwischen den „Schaf-Nationen" und den „Bock-Nationen" im Zusammenhang mit dem zweiten Kommen Jesu.

Der Entscheidungsfaktor: Biblische Kriterien für das Völkergericht

Als Nächstes wenden wir uns der Frage zu, nach welchen Kriterien der wiederkommende Richter das Völkergericht abhalten wird. Die Grundlage ist, wie schon gesagt, 1. Mose 12,3: Die Völker, die Israel segnen, werden gesegnet. Die Völker, die Israel fluchen, werden verflucht, werden gerichtet.

Der Prophet Joel konkretisiert diese Grundrichtlinie. Er nennt in den Versen 2 und 3 insgesamt drei konkrete Kriterien für das Völkergericht im „Tal der Entscheidung":

„... will Ich alle Heiden zusammenbringen und will sie ins Tal Joschafat hinabführen und will dort mit ihnen rechten wegen Meines Volks und Meines Erbteils Israel, weil sie es unter die Heiden zerstreut und sich Mein Land geteilt haben; sie haben das Los um Mein Volk geworfen ..."

1. „... weil sie es unter die Heiden zerstreut haben ..."

Die Vertreibung und Zerstreuung des jüdischen Volkes ist ein Kriterium für Gericht. Es ist einerseits prophetisch vorhergesagt – aber wehe den Nationen, die sich als Instrumente von Gottes Gericht über Israel hergeben. Dieser Gewaltakt der Zerstreuung fand auf einzigartige Weise in der Römerzeit zu Anfang unserer Zeitrechnung statt. Aber in der Geschichte des christlichen, europäischen Abendlandes fanden zwischen der Kreuzfahrerzeit und der napoleonischen Zeit Hunderte von Vertreibungen kleinerer und größerer Art statt. Soweit das noch nicht geschehen ist, ist dies ein Anlass, Gott und das jüdische Volk um Vergebung zu bitten. Gott sei Dank ist dies in den letzten Jahrzehnten schon an vielen Orten geschehen.

2. „... und sich mein Land geteilt haben ..."

Die gewaltsame Aufteilung des Landes, das Gott dem jüdischen Volk gegeben hat, ist ein zweites Kriterium für Gericht über die Völker, welche die Zerteilung vorantreiben. Dies ist natürlich ein hochpolitisches und hochaktuelles Thema. Die aktuellen Stichworte dazu sind „Land gegen Frieden" oder „Zweistaatenlösung". Diese Fragen sind komplex und sie sind brisant. Den Politikern, die weder Gott noch die Bibel kennen und sich redlich um Frieden im Nahen Osten bemühen, möchte ich zunächst einmal grundsätzlich gute Absichten unterstellen. Es ist nicht meine Absicht, auf billige und oberflächliche Weise gegen irgendjemanden zu polemisieren.

Aber Tatsache ist, dass Gott eine einzigartige Beziehung zu diesem Teil der Welt hat, wie er auch eine einzigartige Beziehung zum jüdischen Volk hat. Und die Grundhaltung der Demut, der Gottesfurcht und der Zurückhaltung, von der ich vorhin gesprochen habe, sollte bei den Regierenden, den Entscheidungsträgern und den Meinungsmachern unserer Tage zu finden sein, wenn es um Themen wie das von Gott dem jüdischen Volk verheißene Land geht. Und noch viel mehr gilt das, wenn es um Jerusalem geht – wie wir schon im Zusammenhang mit Sacharja 12 und 14 gelesen haben. Denn an der Jerusalem-Frage entscheidet sich letztendlich, wo jedes Volk steht.

3. „... sie haben das Los um mein Volk geworfen ..."

Die Passage, die jetzt folgt, die Passage mit dem Los, mit der Hure und dem Wein, hat eine Kernbotschaft. Diese ist: Jüdisches Leben hatte in den Augen der nichtjüdischen Völker einen sehr geringen Wert. Jüdisches Menschenleben war nicht mehr wert, als was man ausgibt, um eine gute Flasche Wein zu trinken oder um zu einer Dirne zu gehen. Das ist hier ziemlich drastisch gesagt. Aber leider ist das kein leeres Gerede gewesen. Ob zur Zeit des ägyptischen Pharaos, ob zur Zeit des persischen Politikers Haman (im Buch Esther), ob zur Zeit der Assyrer, Babylonier, Griechen oder Römer, ob zur Zeit der Kreuzritter und der Inquisition, ob zur Zeit des Holocaust: immer wieder und immer wieder haben nichtjüdische Herrscher, Machthaber und Völker jüdisches Leben für wertlos erachtet. Wo dies der Fall war (und ist), kann Gott seinen Segen nicht geben.

Es ist dieses dritte Kriterium, auf das sich Jesus in seinem Gleichnis vom Völkergericht bezieht. Die Wertschätzung jüdischen Lebens ist ja letztendlich auch die allerwichtigste Frage. Und auf die bezog sich Jesus, als er sagte (Matthäus 25,35–40):

„Denn Ich bin hungrig gewesen und ihr habt Mir zu essen gegeben. Ich bin durstig gewesen und ihr habt Mir zu trinken gegeben. Ich bin ein Fremder gewesen und ihr habt Mich aufgenommen. Ich bin nackt gewesen und ihr habt Mich gekleidet. Ich bin krank gewesen und ihr habt Mich besucht. Ich bin im Gefängnis gewesen und ihr seid zu Mir gekommen. Dann werden Ihm die Gerechten antworten und sagen: HERR, wann haben wir Dich hungrig gesehen und haben Dir zu essen gegeben, oder durstig und haben Dir zu trinken gegeben? Wann haben wir Dich als Fremden gesehen und haben Dich aufgenommen, oder nackt und haben Dich gekleidet? Wann haben wir Dich krank oder im Gefängnis gesehen und sind zu Dir gekommen? Und der König wird antworten und zu ihnen sagen: Wahrlich, Ich sage euch: Was ihr getan habt einem von diesen Meinen geringsten Brüdern, das habt ihr Mir getan."

Ich persönlich bin davon überzeugt, dass Jesus in diesem endzeitlichen Gleichnis das Völkergericht mit im Blick hatte, als er diese Worte sprach. Ihm war bewusst, dass die große Vertreibung des jüdischen Volkes unter die Völkerwelt ein Ereignis war, das erst noch in der Zukunft lag. Er sprach das ja im Kontext der Endzeitreden aus – und das ist auch der Zusammenhang, in dem dieses Gleichnis steht –, als er in Lukas 21,23–24 sagte (wir beziehen uns hier auf die Endzeitreden in der Fassung des Lukasevangeliums):

„Denn es wird große Not auf Erden sein und Zorn über dies Volk kommen, und sie werden fallen durch die Schärfe des Schwertes und gefangen weggeführt unter alle Völker, und Jerusalem wird zertreten werden von den Heiden, bis die Zeiten der Heiden erfüllt sind."

Und Jesus wusste um die Nöte, Ängste und Gefahren, die auf das jüdische Volk in der Fremde warten, wie es ja auch in 5. Mose 28, diesem berühmten Kapitel über Segen und Fluch, vorhergesagt ist (Verse 64–67):

„Denn der HERR wird dich zerstreuen unter alle Völker von einem Ende der Erde bis ans andere, und du wirst dort andern Göttern dienen, die du nicht kennst noch deine Väter: Holz und Steinen. Dazu wirst du unter jenen Völkern keine Ruhe haben, und deine Füße wer-

den keine Ruhestatt finden. Denn der HERR wird dir dort ein bebendes Herz geben und erlöschende Augen und eine verzagende Seele, und dein Leben wird immerdar in Gefahr schweben; Nacht und Tag wirst du dich fürchten und deines Lebens nicht sicher sein. Morgens wirst du sagen: Ach dass es Abend wäre! und abends wirst du sagen: Ach dass es Morgen wäre!, vor Furcht deines Herzens, die dich schrecken wird, und vor dem, was du mit deinen Augen sehen wirst."

Genau dies war allzu oft der kollektive Gefühlszustand der Juden in der Diaspora im christlichen Abendland! Ich bin mir dessen gewiss, dass Jesus diese Dinge sehr wohl im Blick hatte. Ja, Gericht musste über das jüdische Volk kommen, ja, der Tempel wurde zerstört, Jerusalem wurde erobert, die Juden wurden in alle Welt zerstreut – aber dann: was machen die Völker? Zeigen sie Erbarmen gegenüber den zerstreuten, gefangenen (Sklaven!), nackten, kranken und einsamen „geringen Brüdern Jesu"? Oder zeigen sie sich höhnisch und unbarmherzig und werden zu eigenwilligen Instrumenten des Gerichtes Gottes, weit über das Maß hinaus, das Gott je beabsichtigt hat?

Die gleiche Frage betrifft ja auch die Christenheit: Zeigen wir Respekt, Wertschätzung, Liebe und Annahme gegenüber den „abgebrochenen Zweigen" – das sind dieselben wie die „geringen Brüder Jesu" – oder verfällt die Kirche ihnen gegenüber in Hochmut und Arroganz? Anders gefragt: War die Kirche den Nationen im barmherzigen Umgang mit den jüdischen Mitmenschen ein Vorbild, war sie „Salz und Licht", oder ist sie demselben Geist des Stolzes und der Unbarmherzigkeit gegenüber den jüdischen Menschen verfallen, der in der Völkerwelt vorherrschte?

Und wie ist das heute ...? Gegenüber dem jüdischen Volk, gegenüber Israel – auch wenn Israel noch nicht wirklich geistlich wiederhergestellt ist? Haben wir Christen wirklich Buße getan über unsere tragische Kirchengeschichte und Buße getan über unser Versagen im Holocaust? Zeigen wir heute gegenüber dem jüdischen Volk und gegenüber Israel wirklich andere Früchte als in den vergangenen Zeiten? Als Völker? Auch als Christenheit?

Natürlich haben wir als Christen einen Auftrag zur Barmherzigkeit gegenüber allen Menschen in Not, wie wir es beim „barmherzigen Samariter" von Jesus aufgezeigt bekamen. Aber eine ganz besondere Verantwortung haben wir gegenüber dem jüdischen Volk. Und hinzu kommt unser Auftrag zu unseren eigenen Völkern hin, als „Salz und Licht", als prophetische Stimme und als lebendiges Vorbild, sie zu ihrer besonderen Verantwortung gegenüber dem jüdischen Volk hin zu ermutigen und zu ermahnen.

Die letzte Entscheidung im Kampf um Jerusalem

Zum Schluss möchte ich nochmals auf das Szenario zurückkommen, das uns in Sacharja Kapitel 12–14 vorgestellt wird. Diese drei Kapitel des Propheten Sacharja und die letzten beiden Kapitel des Propheten Joel greifen sehr stark ineinander. Sie bestätigen sich und ergänzen sich auf außergewöhnliche Weise. Es ist sehr hilfreich, diese fünf Kapitel gleichzeitig und miteinander zu lesen.

Im Buch Sacharja liegt die Betonung auf dem Kampf um Jerusalem. Wir haben das schon teilweise besprochen: Jerusalem als „Taumelkelch" für die umliegenden Völker. Jerusalem als „Laststein" für alle Völker. Die Erweckung Israels und die Rückkehr Jesu inmitten dieses letzten großen endzeitlichen militärischen Konflikts. In Sacharja 12,3+9 heißt es:

„... denn es werden sich alle Völker auf Erden gegen Jerusalem versammeln ... Und zu der Zeit werde Ich darauf bedacht sein, alle Heiden(völker) zu vertilgen, die gegen Jerusalem gezogen sind ..."

Beim Propheten Joel ist vom „Tal der Entscheidung" die Rede. Ein Tal übrigens, vom dem die meisten der Gelehrten nicht in der Lage sind, es spezifisch zu benennen. Es ist nicht das Tal Megiddo, in dem die Schlacht von Armageddon vorhergesagt ist. Es muss ein Tal sein, das näher an Jerusalem liegt, vielleicht das Hinnomtal, das auch schon Schauplatz vieler Schlachten war.

Die nächste Frage, die ich nun stellen möchte, ehe wir zum Schluss kommen, ist: Wie kann es sein, dass „alle Völker" sich nach Aussagen der Propheten gegen Jerusalem versammeln werden, dass es aber auch ein „Tal der Entscheidung" gibt und nach der Aussage Jesu „Schaf-Nationen" und „Bock-Nationen". Wie passt das zusammen?

Ich kenne dazu keine detaillierteren biblischen Aussagen. Aber ich möchte anhand der Aussagen, die uns gegeben sind, mein Vorstellungsvermögen einsetzen und versuchen, ein mögliches, wenn nicht sogar wahrscheinliches Szenario zu entwerfen. Dabei greife ich auf ein historisches Geschehen zurück, das sich Anfang der 90er Jahre abspielte. Ich meine den Einmarsch von Saddam Hussein in Kuwait und die militärische Antwort der UN darauf.

Für mein Dafürhalten repräsentieren die Vereinten Nationen (United Nations – UN) in unseren Tagen eindeutig die Völkerfamilie. 1990 überfällt Hussein Kuwait. Dann passierte zum ersten Mal in der Geschichte etwas, was bis dahin unbekannt war: Die Vereinten Nationen wurden als Vereinte Nationen militärisch aktiv. Es war das erste Mal, dass so etwas geschah. Bis dahin blieb es bei Resolutionen und Mahnungen. Aber in dieser Situation sagte die UN sinngemäß: „Resolutionen und Mahnungen genügen hier nicht. Wir müssen aktiv werden!" Und – ich paraphrasiere – „alle Völker" versammelten sich gegen Saddam Hussein. Aber wie sah das konkret aus?

Zuerst wurde ein Beschluss in der Vollversammlung getroffen: Einige stimmten dafür, einige stimmten dagegen, einige enthielten sich der Stimme. Dann gab es ein zweites Stadium. In einem zweiten Schritt wurde eine Koalition unter der Führung der USA (Präsident Bush Senior) gebildet. 12 oder 13 andere Nationen traten der Koalition bei, stellten Soldaten und wurden militärisch aktiv. Also vielleicht 13 Nationen aus 192. Eine dritte Frage war dann: Wer unterstützt diese Koalition und wer unterstützt sie nicht. Und mehrere Dutzend andere Völker, unter anderem auch Deutschland, entschieden dann, diese Koalition, die kämpfenden Truppen, auf die eine oder andere Weise zu unterstützen.

So oder ähnlich ist es für mich vorstellbar, dass zu gegebener Zeit „alle Völker" gegen Jerusalem aufmarschieren werden. Die Völkerfamilie sagt – ich male mir das jetzt etwas aus: Der Resolutionen in Bezug auf den Status Jerusalems sind jetzt genug. Das jüdische Jerusalem ist das letzte große Hindernis zum Weltfrieden. Wenn dieses Hindernis beseitigt ist (die biblische Sprache wäre: wenn dieser Laststein weggehoben ist), wird Frieden auf Erden sein. Geredet wurde genug – lasst uns handeln! Und dann kommt die Abstimmung in der Vollversammlung: Wer ist dafür, wer ist dagegen. Dann stellt sich die Frage: Wer stellt Soldaten, wer nicht. Und dann die Frage: Wer unterstützt den Aufmarsch gegen Jerusalem, wer nicht.

Aus meiner Sicht ist das kein ganz unrealistisches Szenario. Es steht so nicht in der Bibel. Aber es passt gut in den biblisch vorgegebenen Rahmen. Und es wäre eine mögliche Antwort auf die Frage: Wie kann das gehen, dass sich „alle Völker" gegen Jerusalem versammeln, es aber eine Scheidung zwischen „Schafen" und „Böcken" geben wird?

Und nun zur letzten Frage – eine Frage, die mich aufrichtig beschäftigt: Was wird Deutschland machen, wenn es so weit ist? Und was macht Deutschland bis dahin? Der Antisemitismus hat in den letzten zehn Jahren in Deutschland und Europa sehr stark zugenommen. Zu den traditionellen Antisemitismen, wie sie im rechts- und auch im linksradikalen Lager immer wieder aufflammen, kommen in Europa neue hinzu: der immer radikaler werdende islamische Antisemitismus und die damit verbundene zunehmende Radikalisierung der in Deutschland und Europa lebenden Moslems. Und der wachsende Antiisraelismus in der Mitte der deutschen Gesellschaft, der aus meiner Sicht die größte Gefährdung unserer Gesellschaft darstellt. Die Vorbehalte und Vorurteile, die früher in breiten Teilen der deutschen Gesellschaft gegen „die Juden" galten, verwandeln sich zunehmend zu ähnlich gearteten Vorbehalten und Vorurteilen gegen „den Staat Israel".

Wie also verhält sich Deutschland und wie wird sich Deutschland verhalten, wenn es um Israel geht? Innerhalb der eigenen Gesellschaft? Im Kontext der EU? Im Kontext der UN? Marschieren wir mit dem Zeitgeist? Oder haben wir die Substanz, gegen den Strom zu schwimmen, aufzustehen und zu sagen: „Diesen Weg kennen wir schon – diesen Weg gehen wir nicht noch einmal mit. Das erinnert uns an etwas, das haben wir vor 70/80 Jahren schon mal erlebt." Haben wir genug Substanz als Volk? Ist die Aufarbeitung, Buße, Sensibilität gegenüber diesen Gefährdungen stark genug, damit wir diesen Versuchungen widerstehen können?

Und noch wichtiger: Welche Rolle spielen wir als Gemeinde in diesen Entwicklungen? Sind wir Christen das prophetische Gottesvolk, das Salz und das Licht, das dem deutschen Volk und seiner Regierung priesterlichen Beistand und prophetische Richtungsweisung geben muss? Damit unser Volk nicht noch einmal – ein letztes Mal – den Weg in den Abgrund wählt und im „Tal der Entscheidung" gegen Jerusalem aufmarschiert? Haben wir dieser Entwicklung in dem Namen Jesu und in der Vollmacht des Heiligen Geistes etwas entgegenzusetzen? Landet Deutschland bei den „Schafen" oder bei den „Böcken"? Finden wir Christen – gerade in Deutschland – in den „Zeiten der Wiederherstellung" die richtige Einstellung zum Abraham-Bund, zu den „abgebrochenen Zweigen" und zu unserer besonderen priesterlich-prophetischen Verantwortung gegenüber unserem eigenen deutschen Volk?

„Höret ihr Völker der Erde ...!"

Ich komme nun langsam zum Schluss dieser vierten und letzten Einheit. Ich möchte diesen Teil mit einer Bibelstelle aus Jeremia 31 schließen, dem Kapitel, über das wir zu Anfang schon einiges gehört haben. Ich wiederhole: Dies ist eines der beiden Kapitel des Alten Testamentes, in dem am konkretesten sowohl über die physische wie auch über die geistliche Wiederherstellung Israels geschrieben ist. In Bezug auf die physische Wiederherstellung Israels – die wir mit unseren eigenen Augen bezeugen können – gibt es einen Vers, in dem ganz konkret die Völker dieser Erde angesprochen sind, Jeremia 31,10:

> *„Höret, ihr Völker, des HERRN Wort und verkündet's fern auf den Inseln und sprecht: Der Israel zerstreut hat, der wird's auch wieder sammeln und wird es hüten wie ein Hirte seine Herde; ..."*

Hier finden wir in der Bibel eine Botschaft und einen Auftrag an die Völkerwelt! Mitten in der Beschreibung von Gottes endzeitlichem Wiederherstellungshandeln an Israel. Die Botschaft ist klar: Der Gott, der zugelassen hat, dass Israel im Gericht in die weltweite Diaspora zerstreut wurde, der Gott ist jetzt in den letzten Tagen dabei, sein Volk wieder zu sammeln und nach Israel zurückzubringen. Und er wird Israel behüten wie ein Hirte seine Herde behütet. Und zu den Völkern hin gewandt spricht der Herr zwei Dinge: 1. Höret! 2. Verkündet!

Zunächst zum Stichwort „Höret": Das Wiederherstellungshandeln Gottes ist eine Endzeitbotschaft an die Völker dieser Erde. Diese Botschaft besagt im Kern: „Der Gott Israels lebt!", „Er ist der Herr der Geschichte!", „Er hält seine Hand über Israel!", „Vor ihm müssen sich mal alle Völker verantworten!", „Fürchtet ihn und zollt im Respekt!", „Und zollt seinem Volk Respekt – und seinem Gesalbten, dem Messias Israels und dem Herrn dieser Welt!" Der Ernst und die Dringlichkeit dieser Botschaft werden unterstrichen in Psalm 2, den wir jetzt nochmals als Ganzes lesen wollen. Hier verbindet sich Gottes Warnung an die Völker bezüglich Israel mit dem Erscheinen des Messias:

„Warum toben die Heiden und murren die Völker so vergeblich? Die Könige der Erde lehnen sich auf, und die Herren halten Rat miteinander wider den HERRN und Seinen Gesalbten: »Lasset uns zerreißen ihre Bande und von uns werfen ihre Stricke!« Aber der im Himmel wohnt, lachet ihrer, und der HERR spottet ihrer. Einst wird Er mit ihnen reden in Seinem Zorn, und mit Seinem Grimm wird Er sie schrecken: »Ich aber habe Meinen König eingesetzt auf Meinem heiligen Berg Zion.« Kundtun will ich den Ratschluss des HERRN. Er hat zu mir gesagt: »Du bist Mein Sohn, heute habe Ich dich gezeugt. Bitte Mich, so will Ich dir Völker zum Erbe geben und der Welt Enden zum Eigentum. Du sollst sie mit einem eisernen Zepter zerschlagen, wie Töpfe sollst du sie zerschmeißen.« So seid nun verständig, ihr Könige, und lasst euch warnen, ihr Richter auf Erden! Dienet dem HERRN mit Furcht und küsst Seine Füße mit Zittern, dass Er nicht zürne und ihr umkommt auf dem Wege; denn Sein Zorn wird bald entbrennen. Wohl allen, die auf Ihn trauen!"

Wir sehen: Die Wiederherstellung Israels ist eine Botschaft an die Völkerwelt! Und eine Haltung des Respekts und der Wertschätzung gegenüber Israel öffnet schließlich auch die Herzen der Völker für den Messias. Und umgekehrt.

Nun zum zweiten Stichwort – „Verkündet": Die Völker sollen nicht nur hören, sie sollen auch verkünden! Sie sollen diese Botschaft von der Treue Gottes gegenüber Israel bis zu den fernsten Inseln dieser Erde bringen. Liebe Freunde, ich glaube, das ist ein ganz konkretes Wort an uns, die Gläubigen aus den Nationen. Nur wir sind in der Lage, diesen Verkündigungsdienst zu leisten. Nur wir sind in der Lage, Botschafter an Gottes statt zu sein hin zu den Regierenden und Entscheidungsträgern dieser Welt, um sie aufmerksam zu machen auf die Besonderheit Israels und seines Gottes – der unser Gott ist!

Es sind diese biblisch-prophetischen Zusammenhänge, welche z. B. die „European Coalition for Israel", die „Initiative 27. Januar" und eine Reihe anderer Werke und Persönlichkeiten motivieren, zu den politischen Leitern in Brüssel, in Bayern und zunehmend auch in Berlin zu gehen, um mit ihnen über diese Dinge – in einer Sprache, die sie verstehen – zu sprechen[1]. Wir erfüllen hier eine Aufgabe, mit der sich die ganze Gemeinde Jesu identifizieren möge. Weil es eine Aufgabe ist, die auf biblischem Grund steht und prophetisch in unsere Zeit gehört. Eine Aufgabe übrigens, die jeder Christ, der dafür offen ist, in seinem Umfeld und Einflussbereich mit aufgreifen kann. An öffentlichen Gedenktagen, zu jüdischen Feiertagen oder zu gegebenem Anlass, z. B. wenn Israel wieder einmal angegriffen oder verleumdet wird.

Das Wichtigste allerdings scheint mir zu sein, dass diese Vision und Beauftragung in unseren Herzen und Gebeten Raum bekommt. Alles andere erwächst daraus zu gegebener Zeit unter der gnädigen und zuverlässigen Leitung des Heiligen Geistes. Das war das Kernanliegen dieser Vortragsreihe. Und damit möchte ich zum Schluss kommen.

„Zeiten der Wiederherstellung – Israel, die Gemeinde und die Nationen!"

Ich möchte euch an dieser Stelle herzlich danken für eure Konzentration und Aufmerksamkeit. Ihr habt dicht gedrängte und weitreichende Gedanken und Einsichten mit großer Offenheit aufgenommen – das war zu spüren. Danke dafür!

Ich möchte mit einem letzten Gedanken schließen: Die Frage der endzeitlichen Zubereitung der Brautgemeinde, insbesondere, was Gottes Anliegen betrifft, uns mit unseren biblisch-hebräischen Wurzeln wieder

---

[1] Die Rede ist hier von der Arbeit der „European Coalition for Israel" mit Schwerpunkt in Brüssel und den europäischen Hauptstädten (www.ec4i.org) und der Arbeit der „Initiative 27. Januar", (www.initiative27januar.de) mit bisherigem Schwerpunkt im Bayerischen Landtag und auf dem Weg nach Berlin. Bitte besuchen Sie unsere Homepage, wenn Sie mehr über diese Arbeiten erfahren wollen (www.israelaktuell.de).

in Verbindung zu bringen, hängt eng zusammen mit unserer Herzenshaltung gegenüber Gottes Treue zu Israel. Man kann nicht das eine wollen und das andere ablehnen.

Wir leben in „Zeiten der Wiederherstellung". Wiederherstellung Israels. Wiederherstellung der Gemeinde. Zum Zeugnis für die Nationen und Völker, die sich auf dem Weg in das „Tal der Entscheidung" befinden, wo die „Schafe" von den „Böcken" geschieden werden. Dies geschieht im Zusammenhang mit der weltweiten Ausgießung des Heiligen Geistes und der weltweiten Verkündigung des Evangeliums. Dies geschieht im Zusammenhang mit den Zeiten der Erschütterung und den Geburtswehen der Endzeit.

Es ist mein großer Wunsch und mein Gebet, dass wir als Gemeinde Jesu in Deutschland immer tiefer in diesen biblischen Wahrheiten und in diesem prophetischen Verständnis der Zeiten, in denen wir leben, gegründet werden. Damit wir eine Basis der Einheit in unserem Geist und im Gebet haben. Damit wir als Gottes Volk gemeinsam vom Heiligen Geist gebraucht werden können, „Salz und Licht" und eine „königliche Priesterschaft" in unserem deutschen Volk und für unser deutsches Volk zu sein. Zum Segen für Israel und für unsere europäischen Nachbarvölker und zur Ehre Gottes. Ganz im Sinne dessen, was Petrus uns mitgegeben hat, als er sprach (Apostelgeschichte 3,18–21):

„Gott aber hat so erfüllt, was Er durch den Mund aller Propheten vorher verkündigt hat, dass Sein Christus leiden sollte. So tut nun Buße und bekehrt euch, dass eure Sünden ausgetilgt werden, damit Zeiten der Erquickung kommen vom Angesicht des HERRN und Er den euch vorausbestimmten Jesus Christus sende! Den muss freilich der Himmel aufnehmen bis zu den Zeiten der Wiederherstellung aller Dinge, von denen Gott durch den Mund Seiner heiligen Propheten von jeher geredet hat."

KAPITEL 5

DEREK PRINCE – WIEDERHERSTELLUNG DURCH KOLLEKTIVES FASTEN

Heute möchte ich über die stärkste Form von geistlicher Kraft sprechen, die dem Volk Gottes meiner Meinung nach zur Verfügung steht, nämlich die Kombination aus Fasten und Gebet – aber nicht nur individuelles Fasten, was etwas sehr Gutes ist, sondern kollektives Fasten, was für mich der Höhepunkt der geistlichen Kraft ist. Der Titel dieser Botschaft lautet deshalb auch „Wiederherstellung durch kollektives Fasten".

Grundlagen des biblischen Fastens

Da das Wort „Fasten" im Titel auftaucht, wäre es vielleicht gut, wenn wir uns einen Augenblick Zeit nehmen würden, um den Begriff „Fasten" zu definieren. Man kann ihn in verschiedener Weise definieren, doch auf einer biblischen Grundlage würde ich sagen: „Fasten" bedeutet, dass man aus geistlichen Gründen freiwillig aufs Essen verzichtet. Wenn wir fasten, ist es in aller Regel so, dass wir zwar trinken, aber nichts essen. In der Bibel werden Zeiten beschrieben, in denen Menschen ohne Nahrung und Wasser fasteten. Mose tat das zweimal. Elia tat es, wenn ich mich nicht irre, einmal und das 40 Tage lang. Ich möchte niemandem empfehlen, 40 Tage ohne Nahrung und Wasser zu fasten, es sei denn, er steht in derselben Beziehung zu Gott und befindet sich in demselben übernatürlichen Zustand wie damals Mose und Elia. Doch im 4. Kapitel des Buches Esther lesen wir, dass Esther und ihre Dienerinnen drei Tage und drei Nächte fasteten, ohne zu essen und zu trinken, also insgesamt 72 Stunden lang. Ich persönlich habe das zweimal gemacht. Und ich würde sagen, dass dies das absolute Maximum sein sollte, wie lange man sich Flüssigkeit verwehrt, es sei denn, man befindet sich in einem übernatürlichen Zustand. Noch länger *ohne Flüssigkeit* zu sein, ist für den Körper sehr gefährlich.

Doch wenn man sich vernünftig vorbereitet hat und bestimmte Vorkehrungen getroffen hat, ist es nicht gefährlich, über diese drei Tage hinaus noch viele, viele Tage *ohne Nahrung* weiterzufasten. Ich spreche da aus persönlicher Erfahrung. Ich möchte nicht darauf zu sprechen kommen, wie lange ich gefastet habe, da dies nicht relevant ist, aber es ist keine Frage, dass es möglich ist, 21 Tage oder 40 Tage ohne Nahrung zuzubringen, wenn man in guter physischer und geistlicher Verfassung ist. Ich sage nicht, dass der Effekt unseres Fastens von der Länge abhängig ist, denn das ist er nicht. Inwieweit unser Fasten effektiv ist, hängt davon ab, ob wir sensibel für den Willen Gottes und die Führung des Heiligen Geistes sind.

Noch etwas: Ich persönlich bin davon überzeugt, dass ein richtig praktiziertes Fasten auch ausgesprochen förderlich für unsere körperliche Gesundheit ist. Ich denke, diese Form des Fastens ist eine weithin vernachlässigte Möglichkeit, körperliche Probleme zu kurieren.

Zuerst: Gottes Willen erkennen, Gottes Initiative suchen

Ich beginne mit einer Schriftstelle aus 1. Korinther 3,9, wo Paulus sagt:

„Denn Gottes Mitarbeiter sind wir …"

Es ist nicht notwendig, den Rest zu lesen. Ich möchte euch lediglich darauf hinweisen, dass es zwei grundverschiedene Konzepte gibt: für Gott arbeiten und mit Gott arbeiten. Viele ernsthafte gute Christen arbeiten für Gott. Sie tun etwas, von dem sie meinen, dass es getan werden müsse, und dann bitten sie Gott, das, was sie tun, zu segnen. Aber ich spreche hier von einem völlig anderen Konzept. Ich spreche davon, dass man Gott sucht und herausfindet, was ER getan haben möchte, was in dieser Stunde und in dieser Situation seine Absicht ist, und dass man dann tätig wird und es gemeinsam mit Gott tut. Es geht nicht darum, unsere eigene Sache ins Laufen zu bringen, sondern darum, die Absicht und den Vorsatz Gottes zu suchen und sich ihm unterzuordnen. Ich glaube, das ist etwas ganz anderes.

Ich glaube, dass das Kind der menschlichen Planung und des menschlichen Nützlichkeitsdenkens ein Ismael ist. Das Kind der göttlichen Initiative und göttlichen Absicht ist ein Isaak. Und ich glaube, dass die Geburt jedes Isaak eine übernatürliche Komponente aufweisen muss. Sie muss über das hinausgehen, was wir mit dem Höchstmaß unseres natürlichen Willens und unserer natürlichen Fähigkeiten bewerkstelligen können. Und ich fürchte nichts mehr, als anstelle eines Isaak einen Ismael hervorzubringen, denn wenn ich mir die biblische Geschichte ansehe, stelle ich fest, dass Abraham mit den allerbesten Absichten und mit dem Versuch, das zu tun, was Gott ohnehin tun wollte, einen Ismael hervorbrachte. Und seit etwa 4.000 Jahren ist Ismael das größte Problem für Isaak und seine Nachkommen. Wenn uns die Bibel etwas lehrt, dann, dass wir uns davor hüten sollen, einen Ismael zu zeugen.

Wir müssen also als Erstes herausfinden, was Gott zu tun beabsichtigt und uns dann damit eins machen. Im 4. Kapitel des Galaterbriefs – ich denke, das sollten wir kurz aufschlagen – spricht Paulus über Ismael und Isaak und formuliert noch eine weitere Warnung. Galater 4,28ff:

„Ihr aber, Brüder, seid wie Isaak Kinder der Verheißung."

Das ist die göttliche Absicht, die göttliche Initiative, etwas, woran Abraham niemals gedacht hätte und das er niemals selbst zustande gebracht hätte.

„Aber so wie damals der nach dem Fleisch Geborene [das ist Ismael] *den nach dem Geist Geborenen* [das ist Isaak] *verfolgte, so ist es auch jetzt."*

Vergesst nicht, dass Ismael immer der Feind Isaaks sein wird. Jesus sagt: „Was aus dem Fleisch geboren ist, das ist Fleisch. Was aus dem Geist geboren ist, das ist Geist." Und das, was aus dem Fleisch geboren ist – in unserem Dienst, in unserer Gemeinschaft oder Gemeinde, in unseren Aktivitäten –, wird immer das behindern und dem widerstehen, was Gott durch den Geist hervorbringen möchte.

„Aber was sagt die Schrift? »Stoße die Magd [Hagar] und ihren Sohn [Ismael] hinaus! Denn der Sohn der Magd soll nicht mit dem Sohn der Freien erben.« Daher, Brüder, sind wir nicht Kinder einer Magd, sondern der Freien."

Beachtet, dass wir nicht nur Ismael hinausstoßen sollen, sondern auch seine Mutter. Seine Mutter Hagar ist ein Sinnbild für das Gesetz, für Gesetzlichkeit, dafür, dass der Mensch versucht, sein eigenes Ding zu machen, seinen eigenen Weg zu gehen, in seiner eigenen Kraft und aus seinem eigenen Willen heraus.

Aus diesem Grund müssen wir zunächst einmal wissen, was Gottes Absicht ist, und ich glaube, dass die Bibel klar und deutlich offenbart, welche Absichten Gott in dieser Zeit mit seinem Volk verfolgt. Ich glaube, die endzeitliche Absicht Gottes ist Wiederherstellung. Apostelgeschichte 3, Vers 21, ist eine Stelle, die dies sehr klar formuliert. Hier ist von „... den Zeiten der Wiederherstellung aller Dinge" die Rede. „Wiederherstellung" bedeutet, dass Dinge an ihren richtigen Platz zurückgebracht und in ihren richtigen Zustand zurückversetzt werden.

Israel und die Gemeinde – die beiden Bündnisvölker Gottes

Wie ich die Bibel verstehe, hat Gott zwei Bündnisvölker, die auf Erden durch einen unauflöslichen Bund mit ihm verbunden sind. Das eine ist Israel, das andere ist die Gemeinde Jesu Christi. Und nur, weil Gott die Gemeinde ins Leben gerufen hat, hat er Israel nicht verworfen. Er ist Israel gegenüber immer noch verpflichtet und er ist der Gemeinde gegenüber verpflichtet. Das eine ist im Wesentlichen ein Volk auf Grund von natürlicher Abstammung; das andere ist ein Volk durch geistliche Wiedergeburt. Und in dieser Zeit und seit Beginn des 20. Jahrhunderts wirkt Gott in souveräner Art und Weise, um seine beiden Völker wiederherzustellen. Jedes dieser Völker hat ein von Gott gegebenes Erbe. Das Erbe Israels ist in erster Linie geographischer Natur; das Erbe der Gemeinde ist in erster Linie geistliche Natur. Und seit etwa 1900 wirkt Gott fast Jahr für Jahr, um Israels geographisches Erbe wiederherzustellen und um die Gemeinde in ihr geistliches Erbe in Jesus Christus zurückzubringen.

Dabei hat etwas mein Denken revolutioniert. Als Gott eines Tages in einem Restaurant in London zu mir sprach, zeigte er mir etwas und sagte: „Du siehst doch, wie weit mein Volk Israel 1800 Jahre lang von seinem gottgegebenen Erbe entfernt war?" Ich erwiderte: „Ja, Herr, ich sehe es." Dann sagte er: „In meinen Augen ist die Gemeinde Jesu all diese Jahrhunderte hinweg genauso weit von ihrem geistlichen Erbe in Christus entfernt gewesen."

Die Gemeinde hat es genauso weit, um in ihr geistliches Erbe zurückzukommen, wie Israel, um wieder in sein Erbe des Landes hineinzukommen. Ich werde mich in dieser Lehre nicht damit beschäftigen, aber ich könnte euch Schritt für Schritt ab dem Jahr 1900 zeigen, wie dieser Prozess der Wiederherstellung Israels und der Gemeinde parallel verläuft.

Zeiten der Wiederherstellung – Zeiten der Entscheidung

Ich glaube, dass dies im Buch Joel dargestellt wird. Joel offenbart meiner Meinung nach in einem großen Abriss das Wirken Gottes in der Endzeit. Das Buch Joel ist in der englischen Bibel in drei Teile oder Kapitel unterteilt, und ich glaube, dass jedes Kapitel für eine Phase steht. Das erste Kapitel ist die Verwüstung. Es zeigt die vollständigste Verwüstung, die man sich nur vorstellen kann. Es gibt nichts, was nicht davon in Mitleidenschaft gezogen worden wäre. Das Thema des zweiten Kapitels ist Wiederherstellung, und in Joel 2,25 sagt Gott:

„Und Ich werde euch die Jahre erstatten, die die Heuschrecke, der Abfresser und die Heuschreckenlarve und der Nager gefressen haben ..."

Hier möchte ich kurz innehalten, um euch eine gute Nachricht zu sagen: Gott hat sich selbst zu etwas ganz Gewaltigem verpflichtet. Sein Volk ist von dieser Armee von Insekten heimgesucht worden. Er sagt nicht nur: „Ich werde die Insekten vertreiben." Er sagt: „Ich werde euch die Jahre erstatten, die sie gefressen haben." Und genau das tut Gott derzeit.

Und im dritten Kapitel in der englischen Bibel geht es um Gericht. Dort heißt es unter anderem:

„Scharen über Scharen im Tal der Entscheidung; denn nahe ist der Tag des HERRN im Tal der Entscheidung."

Ein Gericht des Segens über jenen, die auf das reagieren, was Gott tut; ein Gericht der Bestrafung über jenen, die das, was Gott tut, ablehnen und von sich weisen. Das ist der Abriss: Verwüstung, Wiederherstellung und Gericht.

Und im Vordergrund dieser Darstellung in Joel – sowohl bei der Darstellung der Verwüstung als auch bei der Darstellung der Wiederherstellung – gibt es zwei Sinnbilder oder „Typen", wie ich sie nennen möchte. Ihr findet sie in Joel 1,7, Joel 1,12 und Joel 2,22: der Weinstock und der Feigenbaum. Der Feigenbaum ist meiner Meinung nach ein Sinnbild für Israel; der Weinstock ist ein Sinnbild für die Gemeinde Jesu. Und ich glaube, dass Jesus in Lukas 21,29 auf Joel anspielt, wenn er sagt:

„Seht den Feigenbaum und alle Bäume! Wenn sie schon ausschlagen, so erkennt ihr von selbst, da ihr es seht, dass der Sommer schon nahe ist."

Mit anderen Worten: Dies ist die Periode der Wiederherstellung, in der Gottes Absichten für dieses Zeitalter ihren Höhepunkt erreichen werden. Die Absicht Gottes ist also Wiederherstellung.

Lesen wir kurz auch noch Psalm 102, ab Vers 13, wo wir dieselbe Botschaft finden. Am Anfang dieses Psalms wird wiederum ein Bild der Verwüstung gezeichnet. Alles ist vernichtet und verdorrt. Es scheint keine Hoffnung mehr zu geben. Dann sagt der Psalmist: „Aber du, Herr, hast dich nicht verändert." Gott sei Dank!

Vers 13: *„Du aber, HERR, bleibst auf ewig, Dein Lob von Generation zu Generation."*

Und dann kommt diese wunderbare Verheißung in Vers 14:

„Du wirst aufstehen, wirst dich Zions erbarmen. Denn es ist Zeit, ihn zu begnadigen, denn gekommen ist die bestimmte Zeit."

Ich glaube, dass „Zion" jenes biblische Schlüsselwort ist, das beide Bündnisvölker Gottes mit einschließt – Israel und die Gemeinde. Und Vers 14 offenbart, dass es eine „bestimmte" Zeit gibt. Das hebräische Wort dafür lautet mo'ed, das für alle festgesetzten Festtage in Israel verwendet wird, also die hohen Feiertage wie den Sühnetag oder Schavuot etc. Jeder Festtag, der reserviert und auf dem Kalender markiert worden war und feierlich eingehalten und begangen werden musste, hieß mo'ed. Es gab also eine festgesetzte Zeit im prophetischen Kalender Gottes, die im Voraus gekennzeichnet worden war, in der er seinen beiden Völkern auf Erden Gunst erweisen würde. Das Wort „Gunst" ist die alttestamentliche Entsprechung des Wortes „Gnade" und bedeutet immer: „Wir haben es nicht verdient." Es ist sehr wichtig, das zu verstehen.

Ich bin sicher, dass die meisten Christen erkennen, dass Israel es nicht verdient hatte, wieder in sein Land zurückgeführt zu werden. Aber ich frage mich, wie viele Christen für sich selbst genauso klar wie für die Juden erkennen, dass wir nicht verdient haben, was Gott für uns tut. In beiden Fällen ist es Gnade und beruht, wie Paulus sagt, nicht auf Werken. Wenn es auf Werken beruhen würde, wäre es keine Gnade.

Die Wiederherstellung Israels

Das ist also die Zeit, in der wir leben. Wenn du gerne Anmerkungen in deine Bibel hineinschreibst und akzeptierst, was ich sage, dann könntest du neben Vers 14 als kleine Anmerkung das Wörtchen „jetzt" schreiben: Es geschieht jetzt! Gott tut das jetzt gerade!

Vers 15: *„Denn Deine Knechte haben Gefallen an seinen Steinen, sie haben Gunst mit seinem Staub."* (wörtl. a. d. Engl.)

Ich weiß nicht, ob das auch für dich gilt, doch für mich gelten diese Worte wortwörtlich, so wie sie dastehen. Mir gefallen die Steine und der Staub Jerusalems. Ich liebe sie schon seit 32 Jahren. Einige Leute können das nicht verstehen, doch an dem Tag, an dem ich die Stadt Jerusalem das erste Mal sah – das war im August 1942 –, verliebte ich mich in sie. Und es stimmt wirklich, genau so, wie es hier steht: Ich liebe die Steine und den Staub Jerusalems. Und ich möchte hinzufügen, dass ich kein geborener Jude bin.

Aber es gibt noch andere Steine und anderen Staub, der seit vielen, vielen Jahrhunderten in Schutt und Asche liegt und eine Ruine ist – die Gemeinde Jesu. Und für jemanden, der nicht mit den Augen Gottes sieht, haben diese Ruinen nichts Schönes oder Attraktives an sich. Doch wenn Gottes Liebe unser Herz erfüllt, sehen wir, dass Gott eine Wiederherstellung beabsichtigt, und dann beginnen wir, diese Ruinen, die Steine und den Staub zu lieben. Dann heißt es in Vers 16:

„Die Nationen werden den Namen des HERRN fürchten, alle Könige der Erde deine Herrlichkeit."

Wenn Gott sein Volk wiederherstellt, wird das seinem Namen Ehre geben, und die Nationen der Erde werden voll Ehrfurcht darüber staunen. Gott wird seine Herrlichkeit in einer Art und Weise demonstrieren, dass die ganze Erde voll Ehrfurcht darüber staunen wird, was er tut.

Vers 17: *„Denn der HERR wird Zion aufbauen, Er wird erscheinen in Seiner Herrlichkeit."*

Das ist eine der klarsten und deutlichsten Aussagen darüber, dass der Aufbau Zions unmittelbar vor der Wiederkunft des Herrn Jesus Christus in seiner Herrlichkeit erfolgen wird. Und heute ist Gott im Begriff, Zion aufzubauen. Israel und die Gemeinde – sie beide werden aufgebaut, auch wenn Satan dagegen Widerstand leistet, auch wenn es viele Konflikte, viel Drangsal, viel Pein und Leid gibt. Doch inmitten von alledem ist Gott dabei, Zion aufzubauen, und sehr, sehr bald wird er – wie ich glaube – in seiner Herrlichkeit erscheinen. Wenn man diese beiden Elemente zusammen betrachtet – Gunst bzw. Gnade und Aufbau bzw. Wiederaufbau –, dann haben wir das komplette Bild der Wiederherstellung. Das ist das Bild, das Gott uns gegeben hat.

Da Gottes Absicht die Wiederherstellung ist, ist es unser Platz und unser Vorrecht, mit Gott zusammenzuarbeiten, um diese Absicht zu verwirklichen. Ich möchte einige Beispiele aus dem Alten Testament aufgreifen, um dieses Prinzip zu veranschaulichen.

Jemand sagte einmal: Wenn Gott verspricht, dass er etwas tun werde, bedeutet das nicht, dass er es ohne uns tun wird. Seine Verheißung ist wie ein Auslöser für unsere Mitarbeit. Sie bietet uns eine Grundlage, um im Glauben zu beten und auf das Ziel hinzuarbeiten, das Gott seiner eigenen Aussage zufolge erreichen wird.

Gottes Wiederherstellungshandeln in biblischer Zeit

Ich möchte drei Beispiele aus dem Alten Testament herausgreifen. Das erste stammt aus dem Buch Jeremia, Kapitel 29, Vers 10. Jeremia hatte die babylonische Gefangenschaft von Juda, dem Volk Gottes, klar vorausgesagt. Aber er hat auch die Rückführung aus dieser Gefangenschaft, d. h. die Wiederherstellung, vorausgesagt, und er hat ihnen gesagt, wie lange die Gefangenschaft dauern werde. Er sagte, sie werde 70 Jahre dauern, dann werde Gott sie in seiner Gnade heimsuchen und in ihr eigenes Land zurückbringen. Diese Verheißung finden wir in Jeremia 29,10:

„Denn so spricht der HERR: Erst wenn 70 Jahre für Babel voll sind, werde Ich mich euer annehmen und Mein gutes Wort, euch an diesen Ort [d. h. nach Jerusalem] *zurückzubringen, an euch erfüllen. Denn Ich kenne ja die Gedanken, die Ich über euch denke, spricht der HERR, Gedanken des Friedens und nicht zum Unheil, um euch Zukunft und Hoffnung zu gewähren. Ruft ihr Mich an, geht ihr hin und betet zu Mir, dann werde Ich auf euch hören. Und sucht ihr Mich, so werdet ihr Mich finden, ja, fragt ihr mit eurem ganzen Herzen nach Mir, so werde Ich Mich von euch finden lassen, spricht der HERR. Und Ich werde euer Geschick wenden und euch sammeln aus allen Nationen und aus allen Orten, wohin Ich euch vertrieben habe, spricht der HERR. Und Ich werde euch an den Ort zurückbringen, von dem Ich euch gefangen weggeführt habe. "*

Gott sagt: „Nach 70 Jahren werde ich euch wiederherstellen." Aber er sagt auch: „Wenn diese Zeit kommt, werdet ihr mich von ganzem Herzen suchen müssen. Und wenn ihr mich von ganzem Herzen sucht, werde ich tun, was ich verheißen habe." Doch damit er es tut, müssen wir die Anforderung erfüllen, dass wir ihn von ganzem Herzen suchen.

Im 9. Kapitel von Daniel lesen wir, dass Daniel in der Gefangenschaft, gegen Ende des 70. Jahres, diese Verheißung in der Schriftrolle des Jeremia fand und sich aufmachte, die Erfüllung der Verheißung, die er darin gelesen hatte, in Anspruch zu nehmen. Wir lesen davon in den ersten drei Versen von Daniel 9:

> *„Im ersten Jahr des Darius* ... [etc. weiter in Vers 2] ... *im ersten Jahr seiner Königsherrschaft achtete ich, Daniel, in den Bücherrollen auf die Zahl der Jahre* [wörtlich: »verstand ich anhand der Schriftrollen die Zahl der Jahre«], *über die das Wort des HERRN zum Propheten Jeremia geschehen war* [das ist die Stelle, die wir soeben gelesen haben – Jeremia 29,10], *dass nämlich 70 Jahre über den Trümmern Jerusalems dahingehen sollten."*

Daniel las die Prophetie; er wusste, wann sie ungefähr gegeben wurde; er wusste, wie lange die Gefangenschaft schon dauerte; er wusste, dass diesem Wort zufolge das Ende der Gefangenschaft nahe war; aber er las auch die Anforderung Gottes, dass er den Herrn von ganzem Herzen suchen müsse, damit sich die Verheißung erfülle. Und er reagierte folgendermaßen darauf – das ist der Schlüssel in Vers 3:

> *„Und ich richtete mein Gesicht zu Gott, dem HERRN, hin, um Ihn mit Gebet und Flehen zu suchen, in Fasten und Sack und Asche."*

Den Herrn von ganzem Herzen zu suchen bedeutet, dass man sein Gesicht zu Gott, dem Herrn, hinwendet, um ihn mit Gebet und Fasten zu suchen. Genau das ist es, was Gott jetzt von uns verlangt.

Ein weiteres Beispiel für dieses Prinzip finden wir im Buch Hesekiel, Kapitel 36. Wenn ihr wollt, könnt ihr wieder die Bemerkung „jetzt" neben diese Worte aus Hesekiel 36 schreiben. Gott sagt in Hesekiel 36,19 angesichts der ständigen Starrköpfigkeit Israels und des daraus resultierenden Gerichts:

„Und Ich versprengte sie unter die Nationen, und sie wurden in die Länder zerstreut ... [Vers 20:] So kamen sie zu den Nationen, aber wohin sie auch kamen, da entweihten sie Meinen heiligen Namen, indem man von ihnen sagte: »Das Volk des HERRN sind diese, und aus Seinem Land haben sie hinausziehen müssen.«"

Wegen ihrer Rebellion hat Gott sie fern von ihrem Erbteil unter allen Nationen zerstreut. Und wohin sie gingen, ging auch die Botschaft, die da lautete: „Das ist das Volk Gottes." Und Gott sagt hier sinngemäß: „Sie bringen mich in Verruf. Sie bringen mich in Verruf, weil ich mit diesen Leuten identifiziert wurde, die das genaue Gegenteil dessen taten und lebten, was ich von ihnen verlange."

Eine Anwendung auf die Gemeinde Jesu

Ich möchte an dieser Stelle sagen, dass dies auch für die Gemeinde Jesu gilt. Die Gemeinde wurde wegen ihres Ungehorsams, ihres Götzendienstes und ihrer Starrsinnigkeit aus ihrem Erbe vertrieben. Und so, wie sich die Gemeinde unter allen Nationen der Welt als Gemeinde Jesu Christi dargestellt hat, verursacht sie Gott Schmerzen und bringt ihn in Verruf, weil wir den Nationen nicht die Wahrheit über Jesus Christus zeigen.

Führt euch nur vor Augen, was die Gemeinde Jesu Israel signalisiert hat. Ich weiß nicht, ob euch das bewusst ist, aber schon vor dem Zweiten Weltkrieg gab es allein in der Stadt Jerusalem 70 verschiedene christliche Sekten und Splittergruppen, und die Stadt war damals wirklich nicht sehr groß; sie hatte vielleicht 40.000 oder 50.000 Einwohner. Und in aller Regel bekämpften sich diese christlichen Splittergruppen und Sekten und Gemeinden und Missionare gegenseitig. Und seit der Geburt des Staates Israel ist es eine bekannte Tatsache – die mir eine vertrauenswürdige Quelle mitteilte –, dass schon mehr als einmal eine Gruppe von Missionaren zum israelischen Staatsminister für religiöse Angelegenheiten ging und ihn bat, andere Gruppen von Missionaren aus dem Land auszuweisen.

Paulus sagt in Römer 11 zu den nichtjüdischen Christen: „Ich möchte gerne, dass ihr euch so verhaltet, dass ihr die Juden zur Eifersucht reizt, damit sie haben wollen, was ihr habt." Aber ich muss euch ganz ehrlich sagen, dass die Juden in den vergangenen 1900 Jahren an der Gemeinde Jesu nur sehr, sehr wenig gesehen haben, was sie eifersüchtig gemacht hätte. Durch unser Zeugnis haben wir unserem Herrn Schande gemacht. Israel hat das getan, aber auch die Gemeinde. Und ich glaube, dass Gott sich von der Gemeinde Jesu genauso in Verruf gebracht fühlt wie von Israel.

Gott sagt: „Jetzt werde ich einschreiten." Aber er sagte: „Bevor ich das tue, möchte ich euch sagen, dass ich es nicht tue, weil ihr es verdient hättet." Wie sehr ich mir wünschte, dass wir, die wir in dieser Ausgießung des Heiligen Geistes der letzten Tage leben, doch erkennen, dass wir nicht besser sind als unsere Vorgänger. In vielerlei Hinsicht sind wir nicht so gut wie sie, aber wir leben in einer Zeit der göttlichen Gnade und Heimsuchung. Das ist nicht unser Verdienst. Das liegt vielmehr an Gottes souveräner Barmherzigkeit und Treue. Und wenn ich diese Worte, die sich an Israel richten, lese, dann gelten sie im Prinzip bis ins Letzte ganz genauso auch für die Gemeinde. Gott sagt also in Hesekiel 36, Vers 21:

Der Prozess der Wiederherstellung

„Da tat es mir leid um Meinen heiligen Namen, den das Haus Israel unter den Nationen entweiht hatte, wohin sie auch kamen. Darum sage zum Haus Israel: So spricht der Herr, HERR: Nicht um euretwillen handle Ich, Haus Israel, sondern um Meines heiligen Namens willen, den ihr entweiht habt unter den Nationen, zu denen ihr gekommen seid."

Und Gottes Wiederherstellung der Gemeinde erfolgt genauso wenig um der Gemeinde willen, wie die Wiederherstellung Israels um Israels willen erfolgt. In beiden Fällen lautet das Motiv, das dahintersteckt, „um seines heiligen Namens willen".

„Und Ich werde Meinen großen, unter den Nationen entweihten Namen heiligen, den ihr mitten unter ihnen entweiht habt. Und die Nationen werden erkennen, dass Ich der HERR bin, spricht der Herr, HERR, wenn Ich mich vor ihren Augen an euch als heilig erweise."

Gott möchte sich den Nationen durch das offenbaren, was er an seinem Volk vollbringt. Wir sind das Werkzeug seiner Kommunikation und Offenbarung. Paulus sagt in 1. Timotheus 3,15, dass die Gemeinde „... die Säule und Grundfeste der Wahrheit" ist. Wie vielen von uns ist das bewusst? Die Wahrheit wird nicht durch das individuelle Zeugnis eines Predigers oder eines Christen präsentiert, sondern durch das kollektive Zeugnis der Gemeinde Jesu. Wenn man dieses Wort „Säule" und das Wort „Grundfeste", also „Fundament", nimmt, dann überlegt euch einmal, wie viel von einem Gebäude übrig bleibt, wenn man das Fundament und die Säulen wegnimmt. Es bleibt nur ein wildes Durcheinander an verschiedenen Baumaterialien. Und ohne die göttliche Ordnung der Gemeinde sieht die Welt nichts anderes als einen großen Haufen Steine und Bauholz und sie fragt sich, wozu das nütze sein soll. Somit sagt Gott: „Ich werde mich durch das offenbaren, was ich an meinem Volk tue."

Dann sagt er in Vers 24 – und ihr könnt am Rand wieder die Bemerkung „jetzt" hinschreiben:

„Und Ich werde euch aus den Nationen holen und euch aus allen Ländern sammeln und euch in euer Land bringen."

Das geschieht seit ungefähr 50 Jahren sowohl in Israel als auch in der Gemeinde Jesu.

Vers 25: *„Und Ich werde reines Wasser auf euch sprengen, und ihr werdet rein sein ..."*

Beachtet, dass Gott hier im Hinblick auf Israel sagt, er werde es in seiner Unreinheit sammeln. Viele Christen sagen: „Warum sammelt Gott Israel? Die haben doch noch nicht Buße getan! Die sind doch noch nicht durch Glauben an Jesus Christus zu ihm umgekehrt!"

Aber Gott sagt: „Ich werde euch in eurer Unreinheit sammeln und ich werde an euch in eurem eigenen Land wirken." Das ist der Ort, wo Gott immer an Israel wirkt; das ist der Ort, über den es im Römerbrief heißt: „Und es wird geschehen, an dem Ort, da zu ihnen gesagt wurde: Ihr seid nicht mein Volk, dort werden sie Söhne des lebendigen Gottes genannt werden." Und Gott sagt: „Ich werde reines Wasser auf euch sprengen ..."

Ich persönlich glaube, dass dieses „reine Wasser" das reine Wasser des Wortes Gottes ist. Und das geschieht derzeit in Israel. Ich nehme Israel als Beispiel her, damit ihr die Gemeinde versteht. Viele Christen erkennen nicht, dass der durchschnittliche Jude in all den Jahren der Zerstreuung kaum einmal den Text der Bibel gelesen hat. Wenn er in die Synagoge ging, hörte er dort die Interpretation eines Rabbis von einer Interpretation eines anderen Rabbis und las Kommentare zu Kommentaren. Doch mit dem eigentlichen reinen klaren Wort der Schrift wurde er nur sehr selten konfrontiert.

Bemerkenswert ist, dass dasselbe weitgehend auch für die katholische Kirche gilt. Viele, viele Jahrhunderte lang las der durchschnittliche Katholik nie selbst in der Bibel. Wenn er zur Heiligen Messe ging, wurde diese in einer Sprache abgehalten, die er nicht verstand, und es wurde ihm gesagt, dass er das, was wichtig ist, nur durch den Priester und aus dem Gebetbuch bekommen würde. Und meistens war das, was er bekam, bestenfalls aus dritter Hand.

Gottes paralleles Wiederherstellungshandeln in unserer Generation: Israel und die Gemeinde

Beinahe gleichzeitig – und das ist wirklich eine dramatische Entwicklung – beinahe gleichzeitig war Israel wieder in seiner eigenen Muttersprache mit den Wahrheiten der Bibel konfrontiert worden und waren auch die Katholiken in ihrer eigenen Muttersprache mit den Wahrheiten der Bibel konfrontiert worden. Es besteht hier wirklich eine dramatische Parallele.

Ihr müsst eines verstehen: Die Bibel ist das große Lehrbuch des hebräischen Volkes. Heute behandelt man in jüdischen Schulen in Israel die Bibel als Literatur, als Geschichtsbuch, als Sprachlehrbuch und als Religionsbuch, also auf viererlei Weise. Darüber hinaus fangen sie teilweise auch an, das Neue Testament zu studieren. Und ich hörte vor kurzem von einer staatlichen Schule in Israel, in der verlangt wird, das Athanasianische Glaubensbekenntnis als Fakt der Geschichte zu studieren.

Glaubt mir, es wird nicht mehr lange dauern, bis etwas geschieht. Dasselbe gilt für die Katholiken. Es gibt keinen Papst, es gibt kein Konzil, es gibt niemanden auf Erden, der den Prozess umkehren kann, der begann, als die Katholiken mit dem Wort Gottes konfrontiert wurden. Es ist einfach unwiderstehlich. Deshalb sagt Gott:

„Und Ich werde reines Wasser auf euch sprengen, und ihr werdet rein sein; von all euren Unreinheiten und von all euren Götzen werde Ich euch reinigen. [Vers 26:] Und Ich werde euch ein neues Herz geben und einen neuen Geist in euer Inneres geben; und Ich werde das steinerne Herz aus eurem Fleisch wegnehmen und euch ein fleischernes Herz geben."

Ich bin froh, dass Hesekiel Jude war, denn so konnte man ihm nicht vorwerfen, ein Antisemit zu sein. Wenn ich gesagt hätte, die Juden hätten 1900 Jahre lang ein steinernes Herz gehabt, hätte man mich des Antisemitismus bezichtigt. Aber es war ein Jude, der das gesagt hat. Was ist der Unterschied? Nun, ein steinernes Herz kann auf nichts und niemanden reagieren. Ein fleischernes Herz mag vielleicht immer noch ein böses Herz sein, aber es kann reagieren, und im Grunde hatte Israel seit etwa 1800 Jahren ein Herz, das nicht auf den Heiligen Geist reagieren konnte. Das war ein göttliches Gericht, aber Gott nimmt seit etlichen Jahren dieses steinerne Herz weg und ersetzt es durch ein fleischernes Herz.

1967: Ein entscheidendes Jahr für Israel und die Gemeinde

Und ich sage euch, wann das begann. Es begann im Jahr 1967, im Sechstagekrieg, als Israel zum ersten Mal seit ca. 2.000 Jahren wieder die politische und militärische Kontrolle über die Altstadt Jerusalems erlangte. Ich war vorher und nachher in Israel, und die Veränderung finde ich wirklich erstaunlich.

Bedenkt, dass ein fleischernes Herz nicht notwendigerweise bekehrt ist, aber es ist ein Herz, das reagieren kann. Und ich würde sagen, dass in den Vereinigten Staaten heute im Verhältnis gesehen mehr Juden zu Jesus Christus kommen als Nichtjuden. Man kann heute keine charismatische Gruppierung in den Vereinigten Staaten mehr besuchen, ohne dort Juden zu finden, die für Jesus begeistert sind.

Eine weitere bemerkenswerte Tatsache ist, dass diese Juden dadurch nicht aufhören, Juden zu sein. Viele, viele Jahrhunderte lang war es so, dass die Juden einen anderen Juden, der zum Glauben an Jesus Christus kam, als *meshumed* bezeichneten; dies ist das hebräische Wort für einen „Konvertiten", aber es bedeutet eigentlich „ein Verdorbener". So jemand war in ihren Augen ein Verräter. Er wurde offiziell beerdigt. Seine Identität und sein Erbe als Jude wurden restlos abgeschnitten. Doch heute sind die „Juden für Jesus" stolz darauf, Juden zu sein. Sie betonen das, und wenn man etwas darüber sagen kann, dann dass sie vielleicht etwas zu stolz darauf sind. Aber es ist eine gewaltige Veränderung! Dann sagt Gott:

> „... und euch ein fleischernes Herz geben. Und Ich werde meinen Geist in euer Inneres geben; und Ich werde machen, dass ihr in Meinen Ordnungen lebt und Meine Rechtsbestimmungen bewahrt und tut."

Ihr seid euch natürlich dessen bewusst, dass man nicht in Gottes Ordnungen leben und seine Gebote und Rechtsbestimmungen nicht bewahren und tun kann, wenn man seinen Geist nicht in sich hat. Mit menschlichen Anstrengungen allein wird man das nie schaffen. Jene, die im Fleisch sind, können Gott nicht gefallen. Es ist unmöglich. Ihr könnt euch alles Mögliche vornehmen; ihr könnt alle Texte studieren; ihr könnt euch alle Gebote ansehen; ihr könnt alle möglichen Statements und Bekenntnisse über elementare Glaubensdinge haben, doch solange der Geist Gottes nicht in euch wirkt, könnt ihr den Willen Gottes nicht tun; es ist unmöglich.

Die Rolle des Gebets im Wiederherstellungshandeln Gottes

Als Nächstes spricht Gott darüber, was er alles für Israel tun wird. Und in den nachfolgenden Versen habe ich insgesamt 17 Stellen gezählt, in denen Gott souverän sagt: „Ich werde ...", „ich werde ...", „ich werde ..." Gott sagt nicht: „Wenn ihr dieses tut oder wenn ihr jenes tut, dann ...", sondern er sagt: „Ich werde es sowieso tun!"

Doch am Ende erklärt er in Vers 37, nachdem er 17 Mal „ich werde ..." gesagt hat:

„Auch noch darin werde Ich mich vom Haus Israel bitten lassen, es für sie zu tun …"

Er sagt: „Ich werde das alles tun, aber ihr müsst beten und darum bitten." Seht ihr, das ist die wunderbare Balance zwischen Prädestination und freiem Willen. Prädestination ist eine Wahrheit, die ihre Gültigkeit hat. Wir können sie nicht einfach so abtun. Aber dasselbe gilt für den freien Willen. Wie bringen wir beide zur Deckung? Durch die vorherige Erkenntnis Gottes! Preis dem Herrn! Er weiß, was wir tun werden, und erwartet dennoch von uns, es auch zu tun. Er hat verheißen, was er tun wird, sagt aber: „Ich werde es erst dann vollenden, wenn ihr euren Teil tut."

Gottes Absichten zu verstehen und Offenbarung über Verheißungen und Prophetien zu bekommen, ist keine Entschuldigung für Faulheit, sondern noch viel mehr als zuvor eine Herausforderung zu engagiertem Handeln. Und ich persönlich möchte euch Folgendes sagen: Ich habe kein Interesse daran, ein Zaungast oder Beobachter zu sein. Ich möchte mittendrin sein. Das ist meine Natur.

Jedes Mal, wenn ich gesehen habe, wie etwas vor sich geht, das mich ansprach, habe ich mich auch darin engagiert. Manchmal habe ich dabei einige Verletzungen davongetragen, aber ich bin hineingekommen und habe mich engagiert. Und ich möchte bei dem, was Gott tut, mittendrin sein. Ich habe kein Interesse daran, einfach nur am Rand zu stehen und zuzusehen. Gott möchte auch nicht, dass wir am Rand stehen wie Zaungäste. Er möchte, dass sich jeder von uns engagiert und einbringt, damit seine Absichten erfüllt werden.

„Können diese Gebeine wieder leben?"

Greifen wir nun das letzte Bild auf. Wir finden es in Hesekiel 37. Diese Darstellungen zeigen uns, wie wir mit Gottes Absicht, die Dinge wiederherzustellen, kooperieren können. Versteht ihr? In Hesekiel 37 finden wir diese berühmte Vision vom Tal mit den Totengebeinen. Gott sagt kategorisch: „Diese Totengebeine sind das ganze Haus Israel."

Ist euch bewusst, dass es möglich ist, ein trockenes Totengebein zu sein, ohne es zu wissen? Unterhaltet euch einmal mit einem durchschnittlichen New Yorker Juden, der 100.000 Dollar im Jahr verdient und einen Cadillac fährt und ein Landhaus hat und alles, was dazugehört. Glaubt ihr, dass er sich für ein ausgetrocknetes Totengebein hält? Keine Sekunde! Und wisst ihr, es gibt viele christliche trockene Totengebeine, die nicht wissen, dass sie Totengebeine sind. Wenn du nur so ein Gebein bist, dann weißt du nicht einmal, was du bist.

Und Gott sagt über Israel und über die Gemeinde Jesu: „Ich werde eure Gräber auftun und euch herausholen." Das geschieht gleichzeitig. Und er sagt: „Ich werde euch zu Leibern zusammenfügen. Ich werde Knochen an Knochen fügen und euch mit Sehnen und Muskeln und Fleisch und Haut überziehen." Genau darüber sprechen wir in dieser Lehre. Die Sehnen und die Gelenke – das geschieht innerhalb der Gemeinde Jesu, d. h. die Beziehungen werden wiederhergestellt, die Gelenke der Liebe und des Friedens, die die Menschen zusammenhalten.

Und in Hesekiel 37,7 wird die Formulierung „Gebein an Gebein" verwendet. Es gibt irgendwo einen Knochen, ein Gebein, mit dem du zusammenpasst. Und du wirst so lange nicht funktionsfähig sein, bist du dieses Gebein gefunden hast und mit ihm zusammengefügt wirst. Ich möchte euch sagen, dass mir das Schwierigkeiten eingebracht hat. Es gibt ein Land, das aufgrund dessen diese Botschaft von mir nicht veröffentlichen will – der Herr segne sie.

Aber die Grundlage, auf der die Gebeine zusammengefügt werden, ist die Funktion, die Aufgabe, die du mit diesem anderen Gebein zusammen ausführen wirst. Die Basis, die Voraussetzung, ist nicht das Grab, aus dem du kommst. Vielleicht kommst du aus einem baptistischen Grab und wirst mit einem katholischen Gebein zusammengefügt. Könntest du dir das vorstellen? Oh, ich kenne ein baptistisches Gebein und ein katholisches Gebein, die in einem wunderbaren übernatürlichen Dienst für den Herrn zusammenarbeiten – ein katholischer Priester und ein baptistischer Evangelist, die Hand in Hand arbeiten. Halleluja!

Ich möchte noch etwas in diesem Zusammenhang sagen: Diese Vision von den Totengebeinen umfasst zwei Phasen. Die erste Phase endet damit, dass die Körper vollständig werden; sie sind komplett, aber leblos. Und dann sagt Gott zu Hesekiel: „Weissage zum zweiten Mal zum Wind oder Geist oder Hauch ..." Der Hauch kam in die Leiber und es war ein ausgesprochen großes Heer. Das ist Gottes Ziel: ein ausgesprochen großes Heer. Genau darauf arbeitet Gott hin und alles andere fügt sich in die Erfüllung dieser Absicht ein.

Ich möchte euch im Hinblick auf die Gemeinde auf etwas hinweisen. Das erste Mal, wenn Gott wirkt, kommen viele Gebeine aus ihren Gräbern heraus und geraten in Bewegung. Und es bietet sich einem der faszinierende Anblick von Gebeinen, die herumgehen und aneinander stoßen und – wie die Bibel sagt – viel Lärm machen. Das ist die charismatische Bewegung, wie sie bisher war. Es waren viele Gebeine, die klapperten und aneinander stießen. Die Leute sagen: „Ich bin im Geist getauft. Ich rede in Zungen. Ich treibe Dämonen aus. Ich habe eine Geistesgabe etc." Aber es gibt keine echte Integration; es gibt keine echte Unterordnung; es gibt keine echte Einheit.

Aber Gott ist jetzt dabei, einen Leib zu machen, und der Leib ist die Gemeinde. Und in jeder Gegend wird Gott einen kompletten Leib machen, der die Gemeinde in dieser Gegend, in diesem Bezirk oder Landkreis sein wird. Und dann, liebe Freunde, wenn der Leib komplett ist, wird der Geist in den vervollständigten Leib hineinkommen. Und die zweite Heimsuchung Gottes zielt nicht auf Gebeine ab, sondern auf Leiber. Und daraus lernen wir Folgendes: Wenn du nicht Teil des Leibes bist, wirst du die zweite Heimsuchung nie erleben. Sie kommt nur zum vervollständigten Leib.

Gott hat all das bewerkstelligt, aber er hat es nicht ohne Hesekiel bewerkstelligt. Er sagte: „Hesekiel, weissage!" Und als Hesekiel weissagte, geschah das, was Gott als seinen Willen offenbart hatte. Ich möchte euch sagen, dass ich in einem gewissen Maß glaube, dass Gott auch mir diese Aufgabe gegeben hat. Ich muss nicht herumgehen und all diese Gebeine zusammenfügen, sondern ich muss eine Botschaft verkünden, die die Gebeine in Bewegung setzt. Und durch die Gnade Gottes spreche ich sie aus. Ich möchte nicht arrogant wirken, aber ich habe das schon an vielen Orten getan.

Früher dachte ich, wenn ich nicht selbst alle Gebeine zusammenbekomme, dann tue ich meinen Job nicht. Doch Gott hat mir etwas gezeigt. Er sagte zu mir: „Darum habe ich dich gar nicht gebeten. Du bringst die Botschaft und die Resultate überlässt du mir." Doch ohne jene, die die Botschaft bringen, wird Gott es nicht tun. Gott hätte es ohne Hesekiel tun können, aber er tat es nicht. Gott könnte es ohne dich und mich tun, aber er wird es nicht tun. Wir haben Anteil an der Erfüllung seiner Absichten.

Zunächst einmal brauchen wir ein intelligentes biblisches Verständnis seiner Absichten; dann müssen wir uns damit identifizieren und uns gemäß der Absicht Gottes in unserem eigenen Leben gebrauchen lassen, um das zur Erfüllung zu bringen, was er verheißen hat.

Die einzigartige Kraft des gemeinschaftlichen Fastens – Grundlagen

So weit diese Einführung. Die Grundaussage der eigentlichen Botschaft, die nun folgt, lautet: *Gemeinsames Fasten spielt eine wesentliche Rolle bei der endzeitlichen Wiederherstellung.* Es ist keine Option. Gott verlangt es. Ohne gemeinsames Fasten wird es nicht geschehen.

Greifen wir nun einige Punkte heraus. Der erste Punkt, auf den ich zu sprechen kommen möchte, ist, dass Christus von seinen Jüngern erwartet, dass sie fasten. In der Bergpredigt, in der wirklich die grundlegenden Anforderungen an christliche Jüngerschaft formuliert werden, heißt es (Matthäus 6,16–18):

„Wenn ihr aber fastet, so seht nicht düster aus wie die Heuchler! Denn sie verstellen ihre Gesichter, damit sie den Menschen als Fastende erscheinen. Wahrlich, Ich sage euch, sie haben ihren Lohn dahin. Wenn du aber fastest, so salbe dein Haupt und wasche dein Gesicht, damit du nicht den Menschen als ein Fastender erscheinst, sondern deinem Vater, der im Verborgenen ist! Und dein Vater, der im Verborgenen sieht, wird dir vergelten."

Ich möchte euch hier nur auf ein einziges sprachliches Kriterium hinweisen. Jesus sagte nicht: „**Falls** ihr fastet ...", sondern „**Wenn** ihr fastet ..." Der Sprachgebrauch weist darauf hin, dass er von all seinen Jüngern erwartete, dass sie fasten. Die Frage ist nicht, **ob** sie es tun, sondern **wie** sie es tun, und diesbezüglich formuliert Jesus einige ganz grundlegende Prinzipien. Er spricht in dieser Stelle sowohl in der Mehrzahl als auch in der Einzahl: „Wenn **du** fastest ..." und „Wenn **ihr** fastet ..." Ich halte das für sehr bedeutsam.

Ich glaube, dass es die Situation gibt, dass eine Einzelperson bei sich zu Hause privat fastet, doch wenn Jesus sagt: „Wenn **ihr** fastet ..." glaube ich, dass es dabei um kollektives Fasten geht. Manche Leute sagen: „Fasten muss man immer im Verborgenen." Ich glaube, dass das eine Theorie des Teufels ist. Jesus gebraucht in Bezug auf Gebet genau dieselben Worte. Wenn man diese Argumentation beibehalten würde, müsste man sagen, dass Gebet auch immer im Verborgenen geschehen müsse und eine öffentliche Gebetsveranstaltung nicht angebracht sei. Wer würde so etwas wollen? Der Teufel.

Es gibt also die Einzelperson, die im Verborgenen betet und fastet; aber es gibt auch das kollektive Beten und Fasten, das gemeinsam geschieht und öffentlich sein muss, da es öffentlich angekündigt werden muss und ein Ort und eine Zeit dafür festgesetzt werden müssen.

Ich möchte euch noch in Bezug auf das individuelle Fasten darauf hinweisen, dass Jesus sagt: „Wenn ihr es in der rechten Art und Weise tut, wird Gott euch belohnen." Wenn du es also nicht tust, dann verwirkst du dir dadurch eine Belohnung. Lesen wir auch noch Markus 2,18–20:

> *„Und die Jünger des Johannes und die Pharisäer fasteten* [oder »pflegten zu fasten«]*; und sie kommen und sagen zu Ihm* [Jesus]*: Warum fasten die Jünger des Johannes und die Jünger der Pharisäer, Deine Jünger aber fasten nicht?"*

Diesem Vers entnehmen wir, dass Fasten in der damaligen Zeit ein ganz normaler Teil der Religionsausübung war. Es wurde von den Pharisäern praktiziert und von den Jüngern des Johannes. In jeder Kultur und Nation ist Fasten ein ganz normaler Teil jeder ernsthaften Religionsausübung. Hindus fasten; Buddhisten fasten; Muslime fasten; alle Menschen, die einer Religion angehören und diese ernst nehmen, praktizieren das Fasten.

Als ich das Buch „Die Waffe des Betens und Fastens" schrieb, recherchierte ein Freund von mir in der Library of Congress in den Vereinigten Staaten, um herauszufinden, ob es schon irgendwelche christlichen Bücher über das Fasten gäbe. Und wisst ihr, was er dabei fand? Viele Bücher von Muslimen, von Hindus, von Buddhisten und so weiter, aber kein einziges Buch von einem Christen zum Thema Fasten in der ganzen Library of Congress. Ich denke, das ist eine Schande für uns Christen. Das Fasten ist ein wesentlicher Teil jeder ernst zu nehmenden Religion.

Gut. Die Leute damals sahen also, dass die Jünger Jesu nicht fasteten, und fragten, wie das sein könne und warum sie das nicht täten. Die Antwort Jesu lautete (Vers 19):

> *„Und Jesus sprach zu ihnen: Können etwa die Hochzeitsgäste fasten, während der Bräutigam bei ihnen ist? Solange sie den Bräutigam bei sich haben, können sie nicht fasten. Es werden aber Tage kommen, da der Bräutigam von ihnen weggenommen sein wird, und dann, an jenem Tag, werden sie fasten."*

Das ist ein Gleichnis, und natürlich müssen wir das Gleichnis deuten. Ich möchte euch meine Deutung unterbreiten. Du bist vielleicht anderer Meinung, aber das ist zumindest meine Deutung. Ich glaube, der Bräutigam ist Jesus Christus. Darüber besteht meines Erachtens kein Zweifel. Die Hochzeitsgäste sind die Jünger. Jesus sagte, in der jetzigen Zeit, als er sprach, sei der Bräutigam bei ihnen und sie können nicht fasten. Aber er sagt auch mit allem Nachdruck, dass Tage kommen würden, an denen der Bräutigam nicht mehr bei ihnen sein werde und *dann werden sie fasten.*

Wir fragen uns: Ist der Bräutigam von uns weggenommen worden? Meine Antwort lautet: Ja, denn wir alle sagen, dass wir auf die Rückkehr des Bräutigams warten. Wenn wir also auf die Rückkehr des Bräutigams warten, ist das der Beweis dafür, dass er von uns weggenommen wurde. Das heißt, dass in der Zeit zwischen seiner Anwesenheit auf Erden und seiner Rückkehr vom Himmel seine Jünger – wie Jesus selbst sagt – fasten werden. In den Tagen, in denen wir leben, ist Fasten also ein Kennzeichen christlicher Jüngerschaft. Wenn du das nicht hast, fehlt dir ein von Gott gegebenes Kennzeichen christlicher Jüngerschaft. Jesus ging also davon aus, dass alle Christen fasten.

Man könnte noch viel mehr darüber sagen, wie Jesus selbst fastete und wie der Apostel Paulus und andere fasteten, aber dazu fehlt uns die Zeit.

Die einzigartige Kraft des gemeinschaftlichen Fastens – Beispiele aus dem Neuen Testament

Gehen wir weiter zum nächsten Punkt, den ich euch nahebringen möchte: Die neutestamentliche Gemeinde praktizierte kollektives Fasten in der Gruppe – nicht nur das individuelle Fasten, sondern auch das kollektive Fasten. Am Anfang von Apostelgeschichte 13 lesen wir:

„Es waren aber in Antiochia, in der dortigen Gemeinde, Propheten und Lehrer [dann werden fünf Männer genannt; Vers 2]. *Während sie aber dem HERRN dienten und fasteten, sprach der Heilige Geist: Sondert mir nun Barnabas und Saulus zu dem Werk aus, zu dem ich sie berufen habe!"*

Diese Männer – es waren Leiter in der Gemeinde – dienten dem Herrn gemeinsam mit Fasten. Dem Herrn dienen – das ist ein sehr wichtiges Konzept, ein Konzept, das dem durchschnittlichen Christen oft gar nicht geläufig ist. Oft ist nämlich die Rede davon, dass man Menschen dient, aber Menschen zu dienen ist sekundär. Dem Herrn zu dienen hat Vorrang.

Und eine Art, dem Herrn zu dienen, ist fasten, auf ihn warten, ihn anbeten, beten, seinen Rat und seine Pläne suchen. Das heißt es, dem Herrn zu dienen, und wenn du dem Herrn dienst, offenbart dir der Herr seine Absichten, und dann bekommst du einen Isaak und keinen Ismael, weil die Initiative bei Gott liegt und weil du dir nicht etwas ausdenkst, was du tun solltest.

Vielmehr dienen wir dem Herrn, bis er uns zeigt, was er getan haben möchte. Und dieser Dienst am Herrn im Neuen Testament bestand darin, dass die Christen kollektiv in Gebet und Fasten auf Gott warteten. Dies hatte zur Folge, dass ihnen die Absicht Gottes offenbart wurde: sondert mir Barnabas und Saulus aus.

Beim zweiten Mal fasteten sie wieder. Beachtet, was in Vers 3 steht:

„Da fasteten und beteten sie; und als sie ihnen die Hände aufgelegt hatten, entließen sie sie."

Der Zweck des Betens und Fastens bestand beim zweiten Mal darin, diese beiden Männer, die ausgesandt werden sollten, zu beauftragen, für sie die erforderliche Gnade und Autorität und Vollmacht in Anspruch zu nehmen und für sie die offenen Türen in dem Bereich oder Dienst in Anspruch zu nehmen, in den Gott sie hineinsandte. Es ist sehr wichtig festzuhalten, dass man am Ende des 14. Kapitels lesen kann, dass sie, nachdem sie zurückgekehrt waren, berichteten, dass Gott für den Glauben die Tür zu den Nichtjuden geöffnet hatte.

Weiter ist zu lesen, dass sie die Aufgabe, zu der sie ausgesandt worden waren, erledigt hatten. Das war die Folge des kollektiven Fastens und Betens. Gebet und Fasten öffnet Türen, die auf keine andere Art und Weise geöffnet werden können. Darüber hinaus wird etwas, das daraus entspringt, dass man betet und fastet und auf Gott wartet und dann in der rechten Weise beauftragt wird, auch das erledigen, wozu es ausgesandt wird.

Als ich zwischen 1957 und 1961 Missionar in Ostafrika war, hatten meine Frau und ich die Angewohnheit, regelmäßig einen Tag pro Woche zu fasten. Wir behielten dies viele Jahre lang bei. Als ich nach Ostafrika kam, bekam ich eine neue Position: Ich wurde Rektor eines Colleges. Ich hatte eine Vielzahl von mehr oder weniger säkularen Verantwortungsbereichen und sagte mir deshalb: „Ich habe zu viel zu tun, um zu fasten." Eine Zeitlang tat ich es dann auch nicht und machte die Feststellung, dass es mit meinem geistlichen Leben irgendwie bergab ging. Ich kam nicht in den Genuss der Segnungen Gottes; ich hatte die Salbung nicht; ich hatte den Glauben und die Zuversicht nicht. Eines Tages zeigte Gott mir den Grund: „Du hast das Fasten vernachlässigt." Also fing ich wieder damit an, obwohl ich immer noch genauso viel zu tun hatte, und schon kamen der Segen und die Salbung zurück.

Dann sagte ich mir eines Tages: „Ich bin hier in Ostafrika und ich bin vier oder fünf Jahre hier. Werde ich, wenn ich am Ende dieser Zeit wieder von hier weggehe, in der Lage sein zu sagen, dass ich die Aufgabe erledigt habe, zu der Gott mich hierher gesandt hat?" Ich las im Neuen Testament, dass jene, die ausgesandt worden waren, ihre Aufgabe erledigt hatten; sie hatten ihren Job getan. Und Gott zeigte mir etwas sehr klar. Er sagte: „Wenn du neutestamentliche Resultate haben möchtest, dann musst du auch neutestamentliche Methoden anwenden." Jene erledigten ihre Aufgabe, weil ihre Beauftragung aus Gebet und Fasten hervorgegangen war. Und ich glaube das. Ich glaube, dass es keine andere Möglichkeit gibt, um neutestamentliche Resultate zu erzielen.

Im Neuen Testament ist zu lesen, dass jene Leute im Laufe ihrer Reise in verschiedenen Städten etliche Menschen zum Herrn führten; diese Menschen wurden Jünger. Auf der Rückreise besuchten sie diese Leute wieder und teilten sie in Gemeinden ein. Und sie gründeten diese Gemeinden, indem sie Älteste ernannten. Das ist sehr wichtig. Sobald Älteste ernannt wurden, erfolgte der Übergang vom bloßen Dasein als Jünger zum Dasein einer Gemeinde. Und wir lesen in Apostelgeschichte 14,23, wie sie Älteste ernannten:

„Als sie ihnen aber in jeder Gemeinde Älteste gewählt hatten, beteten sie mit Fasten und befahlen sie dem HERRN, an den sie gläubig geworden waren."

Wir haben hier also insgesamt drei Beispiele dafür, dass die Leiter der Urgemeinde öffentlich und kollektiv beteten und fasteten.

1. Um Gott zu dienen und eine Offenbarung seines Willens zu bekommen.

2. Um Apostel zu beauftragen, die ausgesandt wurden, um eine von Gott gegebene Aufgabe zu erfüllen.

3. Um Älteste oder Leiter oder Hirten in einer Ortsgemeinde zu ernennen.

Wenn man diese drei Dinge zusammennimmt, kann man sagen, dass alle wichtigen Verantwortungsbereiche christlicher Leiterschaft von Fasten und Beten begleitet wurden: die Erkenntnis des Willens Gottes, die Aussendung von Aposteln und die Einsetzung von Ältesten. Und ich denke, wenn man sich die Ordnung und Leitungsstruktur der Gemeinde Jesu vor Augen führt, muss man sagen, dass Apostel und Älteste wie zwei große Scharniere sind, an denen alle anderen Formen von Ordnung und Leiterschaft hängen. Und beachtet, dass in der Urgemeinde sowohl Älteste als auch Apostel durch gemeinsames Beten und Fasten eingesetzt wurden. Mit anderen Worten: *Die Grundlage des Lebens und der Ordnung einer Gemeinde war gemeinsames Beten und Fasten.*

Die einzigartige Kraft des gemeinschaftlichen Fastens – Beispiele aus der Geschichte Israels

Gehen wir nun zurück zu Israel und zum Alten Testament. Die nächste Aussage zu unserem Thema finden wir nämlich im Alten Testament. Gott verlangte von Israel an jedem Sühnetag ein kollektives Fasten. Als ich dies erkannte, stellte ich mir das bildlich vor. Stellt euch nur vor, wie das war, als eine gesamte Nation Jahr für Jahr einen ganzen Tag lang komplett auf Essen und alle säkularen Aktivitäten verzichtete und sich vor dem allmächtigen Gott demütigte. Das taten sie, indem sie fasteten.

Ich möchte euch das gerne anhand der Schrift zeigen. Schlagen wir zu diesem Zweck 3. Mose 16,29–31 auf. Dort finden wir die konkreten Anweisungen darüber, wie der Sühnetag einzuhalten sei. Die Juden nennen diesen Tag „Jom Kippur", den Sühnetag, und der vierte Krieg (1973), in den Israel verwickelt wurde, brach genau an diesem ausgesprochen heiligen Feiertag aus. Vielleicht erinnert ihr euch noch daran, dass viele Kommentatoren in den Nachrichten sagten, die meisten jüdischen Soldaten seien fastend in den Krieg gezogen. Warum? Eben weil es der Sühnetag war. Nun also 3. Mose 16,29–31:

> *„Und dies soll euch zu einer ewigen Ordnung sein: Im siebten Monat, am Zehnten des Monats, sollt ihr euch selbst demütigen und keiner-*

lei Arbeit tun, der Einheimische und der Fremde, der in eurer Mitte als Fremder wohnt. Denn an diesem Tag wird man für euch Sühnung erwirken, um euch zu reinigen; von all euren Sünden werdet ihr rein sein vor dem HERRN. Ein Sabbat völliger Ruhe soll er euch sein, und ihr sollt euch selbst demütigen [oder: »eurer Seele zusetzen«] *– eine ewige Ordnung."*

Wir kommen gleich noch auf die Bedeutung dieser Formulierung „ihr sollt euch selbst demütigen" zu sprechen. Beachtet jedenfalls, dass dies ein feierlicher Tag sein sollte, der durch eine göttliche Verfügung in Ewigkeit festgesetzt ist. Nun, wie demütigten sie sich selbst? Das Neue Testament sagt uns, dass sie das durch Fasten taten. Hier besteht eine sehr interessante Beziehung zwischen dem Alten und dem Neuen Testament. Schlagen wir Apostelgeschichte 27,9 auf. Hier wird berichtet, wie die Schiffsreise des Paulus nach Rom begann. Ich bin mir sicher, dass wohl die meisten von euch diese Geschichte kennen. Wir werden nicht im Detail darauf eingehen, aber es heißt in Vers 9:

„Da aber viel Zeit verflossen und die Fahrt schon unsicher war, weil auch das Fasten schon vorüber war ..."

Was ist hier mit „das Fasten" gemeint? Es ist der Sühnetag gemeint. Das war das neutestamentliche Wort für den Sühnetag. In welche Zeit des Jahres fällt der Sühnetag? Nun, er liegt entweder Ende September oder Anfang Oktober. Was bedeutet es, wenn es hier heißt, das Fasten sei schon vorüber? Das bedeutet, dass der Winter allmählich kommt, und in biblischen Zeiten fuhr man im Winter nicht mehr mit Segelschiffen hinaus; das tat man nur im Sommer. Aus diesem Grund wissen wir ganz konkret, dass hier auf den Sühnetag Bezug genommen wird und dieser Tag als „das Fasten" bezeichnet wird. Mit anderen Worten: Wir haben hier einen neutestamentlichen Beweis dafür, dass die jüdischen Gläubigen und die Apostel selbst die Tatsache anerkannten, dass Fasten gemeint war, wenn es in diesem Bibeltext heißt, sie sollen sich selbst demütigen oder ihrer Seele zusetzen. Und an diesem Tag – und nur an diesem Tag – ging der Hohepriester durch den zweiten Vorhang hindurch hinein in das Allerheiligste.

Ich glaube, als damals der Jom Kippur-Krieg ausbrach, sagte Gott: „Das ist die Zeit auf meiner Uhr." Ich glaube, dass Israel immer der Minutenzeiger auf der prophetischen Uhr Gottes ist. Und ich glaube, dass Gott sagte, die Zeit sei gekommen, dass die Gemeinde ihre Seele durch kollektives Fasten demütigt und dass der Weg ins Allerheiligste offen wäre, wenn die Gemeinde das tun würde. Wir sprachen in einem anderen Zusammenhang von dem Dienst, der hinter dem zweiten Vorhang getan wird, den königlichen und priesterlichen Dienst. Ich glaube nicht, dass Gottes Volk in diesen Dienst hineinkommen wird, solange es nicht die Bedingungen erfüllt, die im Wort Gottes klar dargelegt sind, nämlich kollektives Fasten zur Demütigung ihrer Seele. Darüber besteht kein Zweifel.

Wirkungen des Fastens in unserem eigenen Leben – Stärkung des Geistes

Nun zum letzten Gedanken dieser Lehreinheit: Fasten demütigt das Fleisch. Sehen wir uns dazu einige Schriftstellen an. Schlagen wir Galater 5,17 auf:

„Denn das Fleisch begehrt gegen den Geist auf, der Geist aber gegen das Fleisch; denn diese sind einander entgegengesetzt, damit ihr nicht das tut, was ihr wollt."

Wir müssen verstehen, was hier mit dem Begriff „Fleisch" gemeint ist. Paulus und andere Autoren des Neuen Testaments verwenden den Begriff „Fleisch" in einer ganz speziellen Art und Weise, aber auch Jesus, als er sagte: „Was aus dem Fleisch geboren ist, ist Fleisch ..." Damit ist nicht im wortwörtlichen Sinne der physische Körper gemeint. Es ist vielmehr jene Natur gemeint, die wir zusammen mit unserem physischen Körper von Adam als dessen Nachkommen geerbt haben. Im Wesentlichen glaube ich, dass man die Grundbefindlichkeit des Fleisches mit einem einzigen Wort zusammenfassen kann, nämlich mit dem Wort „rebellisch". Ich glaube, die Bibel lehrt, dass jeder Einzelne von uns von Natur aus als Rebell geboren wird. Wir sind alle, wie Paulus in Epheser 2,3 sagt, von Natur aus „Kinder des Zorns". Warum? Weil wir alle, wie Paulus in Epheser 2,2 sagt, Kinder des Ungehorsams oder der Rebellion sind.

Ich weiß, dass dies ein mühseliges theologisches Problem darstellt und werde auch nicht näher darauf eingehen. Ich möchte nur so viel dazu sagen: Gott richtet dich nicht für deine Natur. Er richtet dich für deine Taten. Und du kannst dich nicht hinter deiner Natur verstecken, um deine Taten zu entschuldigen. Aber es bleibt eine Tatsache, dass wir eine rebellische Natur haben. In jedem Einzelnen von uns steckt ein Rebell, und du kannst bis ans Ende der Welt laufen, aber du wirst trotzdem deinem Problem nicht entkommen, weil du es so wie Jona mit dir mitnimmst, und das haben in der Zwischenzeit schon viele getan.

Paulus spricht hier also über das Fleisch und nicht über den physischen Körper. Die Vorstellung, der physische Körper sei böse, ist unbiblisch. Ganz im Gegenteil: Die Bibel sagt, dass mein Körper „... *auf eine erstaunliche, ausgezeichnete Weise gemacht"* ist. Er ist ein wunderbares von Gott geschaffenes Werkzeug. Doch das Fleisch, die Natur, die mit diesem Körper zusammenhängt, widerstrebt Gott. Paulus sagt in Römer 8,8: *„Die aber, die im Fleisch sind, können Gott nicht gefallen."* Es ist unmöglich. Die fleischliche Gesinnung ist Feindschaft gegen Gott. Sie ist dem Gesetz Gottes nicht unterworfen und kann das auch nicht. Deshalb muss etwas gegen das Fleisch unternommen werden.

Ich könnte das Fleisch noch etwas konkreter beschreiben und in zwei Bereiche unterteilen. Erstens: die Seele, das Ego, das starrköpfige Ich, das immer nur sagt: „Ich will, ich wünsche, ich möchte, ich denke, ich fühle, ich bin wichtig." Jeder von uns hat so ein Ego. Es muss sich vor dem allmächtigen Gott beugen und neigen, bevor Gott das tun kann, was er tun möchte. Die Bibel sagt, wir sollen nicht halsstarrig sein. Das Ego in jedem Einzelnen von uns muss sich beugen, und manchmal ist das eine Erfahrung, die weh tut. Ich versuche, schon anhand der ersten Andeutungen Gottes, wenn er an mir wirkt, zu erkennen, dass mein Ego Gott widerstrebt. Ich sage dann: „Gott, ich hoffe, du wirst mich nicht drastisch züchtigen müssen. Ich werde versuchen, es auf dem schnellen Weg zu lernen."

Die Bibel sagt: „Der Gerechte sieht das Böse voraus und versteckt sich. Der Gottlose geht einfach weiter und wird bestraft." Wenn ich das Böse sehe, versuche ich, mich zu verstecken. Ich möchte dann nicht einfach so weitergehen und in Schwierigkeiten geraten. Ich sehe so viele Christen, die Gottes Hinweise und Andeutungen nicht wahrnehmen. Sie widerstehen ihm; sie widersetzen sich ihm; sie widersetzen sich ihm, bis er sie brechen muss. Das möchte ich nicht. Für mich persönlich gilt, dass mein Ego untergeordnet werden muss; es muss sich unterwerfen.

Am Ende eines Bibelstudiums über den Römerbrief, bei dem ich diese Dinge erklärte, kam einmal eine Frau zu mir. Sie wirkte sehr etepetete und geschäftig. Sie sagte zu mir: „Bruder Prince, wissen Sie, was ich glaube?" Ich sagte: „Nein, und es interessiert mich auch nicht." Ich wollte nicht grob zu ihr sein, aber ich erkannte, dass sie nur um ihre eigenen kleinen Ideen und Vorstellungen kreiste. Freunde, was du und ich denken, ist völlig irrelevant. Entscheidend ist, was Gott sagt. Das Ego trotzt Gott. Die fleischliche Gesinnung drückt sich ebenso stark durch Angst und Unglauben aus wie durch Wollust und Zorn. All das muss in die Unterordnung unter Gott hineingebracht werden.

Wirkungen des Fastens in unserem eigenen Leben – Überwindung des Fleisches

Das zweite Element des Fleisches möchte ich als das beharrliche, sich selbst befriedigende Verlangen des Körpers bezeichnen: Ich bin hungrig; ich möchte essen. Ich bin durstig; ich möchte trinken. Der Sitz ist zu hart; ich brauche ein Kissen. Ich brauche etwas, damit mein Gesicht hübsch aussieht. Ich brauche einen bequemeren Sitz im Auto. Ich brauche überall eine Klimaanlage. Der Körper fordert unsere Aufmerksamkeit und sagt: „Ich bin wichtig. Kümmere dich um mich."

Wisst ihr, welches Mittel Gott vorgesehen hat, um etwas gegen beide Elemente des Fleisches zu unternehmen? Fasten. Ich werde euch das anhand der Bibel zeigen. Psalm 35,13, ein Zeugnis Davids:

„Ich aber, als sie krank waren, kleidete mich in Sacktuch; ich kasteite [oder: »demütigte«] *mit Fasten meine Seele."*

Wie demütigst du deine Seele? Mit Fasten. Das Fasten sagt zu diesem fleischlichen Element: „Sei ruhig. Ich werde nicht auf dich hören. Du hast mir nichts zu diktieren. Du bist nicht der Meister. Du bist der Diener." Jeder Einzelne von uns muss sich diese Frage stellen: „Ist mein Körper mein Diener oder mein Meister? Sagt mein Bauch mir, wann ich esse, oder sage ich meinem Bauch, wann ich esse?" Gott hat dahinge-hend an mir gewirkt.

Ich denke, ich muss euch in diesem Zusammenhang ein Zeugnis er-zählen. Vor kurzem machte ich eine sehr überraschende Erfahrung mit dem Bibeltext: *„Wenn jemand mir nachkommen will, verleugne er sich selbst und nehme sein Kreuz auf und folge mir nach!"* Das ist die erste Bedingung, um Jesus nachfolgen zu können. Und solange du dich nicht selbst verleugnest, kannst du Jesus nicht nachfolgen.

Wisst ihr, ich esse gern. Es war nie so, dass ich der Völlerei gefrönt hätte, und ich denke, ihr stimmt mir zu, wenn ich sage, dass ich kein Übergewicht habe. Aber ich esse gern und ich möchte ehrlich mit euch sein, auch wenn das einige von euch vielleicht schockierend finden: Ich trinke gerne mal ein Glas Wein. Ich finde es viel besser, Wein zu trinken als Cola oder Kaffee. Ich finde in der Bibel auch viel mehr Beispiele da-für. Und wenn ich nach Hause komme, freue ich mich auf das gute Essen meiner Frau und die anderen Dinge, die ich genießen werde.

Aber Gott fing an, mit mir zu reden, und sagte: „Wenn jemand mir nachfolgen will, verleugne er sich selbst ..." Ich sah der Tatsache ins Auge, dass ich zur damaligen Zeit fast 60 war, und dachte: „Ist mein Kör-per im bestmöglichen Zustand, um Gott zu dienen? Stelle ich Gott ein Werkzeug im bestmöglichen Zustand zur Verfügung?" Und ich dachte: „Nein." Das ist etwas sehr Persönliches. Ich möchte nicht, das irgend-jemand anderer nun hingeht und genau dasselbe tut wie ich, aber ich wusste, dass Gott zu mir darüber sprach, dass ich mich selbst verleugnen müsse, um ihm besser dienen zu können und um empfänglicher für sei-nen Heiligen Geist sein zu können. Ich habe festgestellt, dass von Zeit zu Zeit eine Gabe wie ein Wort der Erkenntnis in mir wirkt und ich den Leuten dann sagen kann, was ihnen fehlt und ob Gott sie heilen wird etc. Aber ich stelle fest, dass ich oft glaube, dass Gott etwas durch mich hindurch tun oder vermitteln möchte, ich aber nicht sensibel genug bin, um es zu bekommen.

Ich dachte: „Was kann ich tun, um sensibel zu werden? Was verlangt Gott von mir?" Nun, ich habe zum Herrn gesagt, dass ich keinen Kaffee, keinen Tee und keinen Alkohol mehr trinken werde. Am schwierigsten für mich war es, den Kaffee aufzugeben, glaubt mir! Ich glaube auch, dass er am tödlichsten ist: Wenn du dir dein eigenes Grab schaufeln möchtest, dann werde kaffeesüchtig! Und es gibt viele Kaffeesüchtige.

Ihr werdet es nicht glauben, aber vor zwei Jahren betete ich in Atlanta, in Georgia, für eine Frau, die colasüchtig war. Und als dieser Suchtgeist aus ihr ausfuhr, schrie er und sie wurde mir gegenüber gewalttätig. Etwa ein Jahr später bekam ich einen Brief von ihr, in dem sie schilderte, wie sehr sich ihr Leben verändert hatte. Und sie schrieb: „Meine ganze Familie hat dieselbe Sucht." Das ist eine Tatsache. Aber ich will eines klar sagen: Ich möchte damit nicht gegen eine bestimmte Marke oder einen Softdrink zu Felde ziehen, denn dadurch könnte ich Schwierigkeiten bekommen.

Ich sage euch noch etwas, weil ich glaube, dass der Herr mich drängt, es euch zu sagen. Habt ihr gewusst, dass unsere Verdauung echte Schwerstarbeit ist? Habt ihr das gewusst? Wenn du verdaust, leistest du Schwerstarbeit. Aus diesem Grund bekommst du auch Krämpfe in den Armen, wenn du unmittelbar nach einer reichhaltigen Mahlzeit Schwimmen gehst, weil das ganze Blut in deinem Magen benötigt wird. Und wenn du regelmäßig mehr isst als du brauchst, wirst du dadurch nicht stärker, sondern schwächer, weil du deine ganze überschüssige Energie dafür verwendest, Nahrung zu verdauen, die du gar nicht brauchst. Ein großes Problem amerikanischer Christen besteht darin, dass sie zu viel essen. Wir hören alle möglichen Predigten gegen Nikotin und Alkohol, doch wie oft hören wir welche gegen Völlerei?

Jesus sprach über das überreichliche Essen, bevor er über Trunkenheit sprach, und wie ich es verstehe, warnte er uns, dass uns Völlerei und Trunkenheit so weit bringen können, das wir für die Entrückung nicht bereit sind. Er sagt ja in Lukas 21,34:

„Hütet euch aber, dass eure Herzen nicht etwa beschwert werden durch Völlerei und Trunkenheit und Lebenssorgen und jener Tag plötzlich über euch hereinbricht ..."

Ich spreche über die Beziehung des Christen zu seinem Körper in dem Sinne, dass der Körper jene Elemente enthält, die gegen den Geist kämpfen. Der Körper selbst ist, wie ich glaube, heilig. Er ist der Tempel des Heiligen Geistes.

Ich habe die Feststellung gemacht, dass viele Menschen in der westlichen Welt ihrem Auto mehr Beachtung schenken als ihrem Körper. Wenn du dein Auto so behandeln würdest wie du deinen Körper behandelst, hättest du ein Auto, das nicht fahren würde. Zumindest an mir hat Gott diesbezüglich etwas getan – ich sagte ja, dies ist etwas sehr Persönliches. Niemand anders muss dasselbe tun wie ich. Aber ich sage, dass sich jeder von uns der Herausforderung stellen muss, wer der eigentliche Meister und wer der Diener ist. Paulus sagte: „Alles ist mir erlaubt, aber nicht alles ist nützlich." Alles ist erlaubt, aber nicht alles ist erbaulich.

Ich erinnere mich in diesem Zusammenhang an einen befreundeten Rechtsanwalt aus Washington. Er hörte, wie ich über das Fasten predigte, und beschloss daraufhin, selbst einen Tag lang zu fasten. Er hat mir diese Geschichte selbst erzählt, die wunderbar veranschaulicht, worum es hier geht. Er hat mir anschließend erzählt, es sei ein ganz schrecklicher Tag für ihn gewesen. Jedes Mal, wenn er an einem Restaurant vorbeiging, wollte er hinein. Jedes Mal, wenn er an einer Konditorei vorbeiging, drückte er seine Nase gegen die Schaufensterscheibe. Er wurde von dem Verlangen zu essen richtiggehend gequält.

Am Ende des Tages machte er eine Art Bestandsaufnahme und sagte zu seinem Bauch: „Nun, mein Magen, du hast dich den ganzen Tag über daneben benommen. Du hast mir viele Probleme bereitet. Ich werde dich bestrafen. Ich werde morgen gleich noch mal fasten." Und er sagte zu mir: „Mein Magen hat's begriffen." Ihr lacht vielleicht, aber das ist Realität. Du kannst zu deinem Magen sprechen. Du kannst ihn unterwerfen. Und es gibt eben nur zwei Möglichkeiten: Du bist entweder Meister oder Diener deines Magens.

Ich möchte niemanden unter Verdammnis bringen, aber ich lese euch noch eine Stelle aus dem Philipperbrief vor. Ich habe nicht den Wunsch, Verdammnis zu bringen, aber sehen wir uns diese Passage an, die sehr gut zu dem passt, was wir bislang besprochen haben. Philipper 3,17:

„Seid miteinander meine Nachahmer, Brüder, und seht auf die, welche so wandeln, wie ihr uns zum Vorbild habt! Denn viele wandeln, von denen ich euch oft gesagt habe, nun aber auch mit Weinen sage, dass sie die Feinde des Kreuzes Christi sind [und ich glaube nicht, dass er hier von Ungläubigen spricht]*; deren Ende Verderben, deren Gott der Bauch und deren Ehre in ihrer Schande ist, die auf das Irdische sinnen."*

Als Paulus solche Christen sah, musste er weinen. Wie viele würde er unter uns sehen, *„... deren Gott der Bauch und deren Ehre in ihrer Schande ist, die auf das Irdische sinnen ..."*? Und Paulus sagt, dass diese Leute „Feinde des Kreuzes Christi" sind. Sie sind nicht Feinde Christi. Sie mögen Christus. Es ist das Kreuz, das sie nicht mögen, denn es heißt in Galater 5,24:

„Die aber dem Christus Jesus angehören, haben das Fleisch samt den Leidenschaften und Begierden gekreuzigt."

Das Fleisch und das Kreuz führen Krieg gegeneinander, und einer von beiden muss der Sieger sein. Fasten bringt nicht automatisch Resultate hervor, denn es gibt auch richtiges und falsches Fasten, aber Fasten ist und bleibt eine von Gott vorgegebene Art und Weise, um deine Seele zu demütigen. Ja, es ist **die** von Gott vorgegebene Möglichkeit. Das entnehme ich der Schrift.

Die Kraft des Kreuzes, des Fastens und des Gebets

Ich wusste schon seit Jahren, dass es eine Wirkung hat, aber Gott hat mir gezeigt, dass es **die** Möglichkeit schlechthin ist. Wenn ich davon spreche, dass man sich demütigt und seiner Seele zusetzt, dann meine ich Fasten. Ich meine, dass man fastet, um jene Elemente der eigenen Natur, die dem Geist widerstreben, unter die Kontrolle des Heiligen Geistes zu bringen.

Schlagen wir abschließend noch 2. Chronik 7,14 auf. Wie viele von euch können diese Bibelstelle auswendig zitieren?

„Wenn Mein Volk, über dem Mein Name ausgerufen ist, [sich] *demütigt ..., und sie beten und suchen Mein Angesicht und kehren um von ihren bösen Wegen, dann werde Ich vom Himmel her hören und ihre Sünden vergeben und ihr Land heilen."*

Beachtet, dass die Heilung des Landes nicht durch die Sünde der Ungläubigen aufgehalten wird, sondern durch die Sünde der Gläubigen. Das ist es, was Gott im Weg steht, wenn er das tun möchte, was für unser Land und unsere Nation getan werden muss. Die Gemeinde Jesu ist das Hindernis. Gott wirkt in Übereinstimmung mit einer göttlichen Ordnung. Die Gemeinde ist der Leib Christi. Christus ist sein Sohn, den er ehrt. Deshalb wird er die Gemeinde nicht umgehen oder links liegen lassen, denn dadurch würde er den Sohn verunehren. Wenn Gott irgendetwas aus Gnade heraus auf Erden tut, dann muss es durch die Gemeinde Jesu getan werden. Wenn die Gemeinde sich Gott unterordnet und sich ihm ausliefert, kann Gott die Welt durch die Gemeinde heimsuchen; doch wenn die Gemeinde sich Gott widersetzt, kann Gott auch die Welt nicht erreichen.

In der großen Erweckung in Wales im Jahr 1904 lautete der Slogan des großen geistlichen Leiters Evan Roberts: „Bring die Gemeinde auf die Knie und beuge die Welt." Und wenn man die Gemeinde auf die Knie bringen kann, ist es kein Problem mehr, die Welt zu beugen. Gottes Problem sind immer seine halsstarrigen, selbstgerechten und sturen Leute.

Und Gott sagt hier: *„Wenn mein Volk ..."* Was ist die erste Anforderung? Nicht, dass wir beten, sondern dass wir uns demütigen. Gott widersteht den Hochmütigen. Wenn du aus Stolz heraus betest, wird dein Gebet nichts bewirken. Doch den Demütigen schenkt er Gnade.

Der Begriff „sich demütigen" in diesem Vers ist derselbe wie jener, der in 3. Mose 16,29 verwendet wird und dort eben auch mit der Formulierung „seiner Seele zusetzen" wiedergegeben wird. Wenn man diesen Begriff in der Konkordanz nachschlägt, sieht man, dass in der englischen King James Bibel hierfür zwei Übersetzungen verwendet werden – entweder „zusetzen" bzw. „niederschlagen" oder „demütigen", und beide Übersetzungen sind ziemlich gut. Wenn Gott also von seinem Volk verlangt, dass es sich demütigt, dann ruft er es zu einem kollektiven Fasten auf. Das ist seine grundlegende Anforderung. Er sagt: „Wenn ihr das tut und dann betet und dann mein Angesicht sucht und dann von euren bösen Wegen umkehrt, werde ich euer Land heilen." Genau das ist es, was Gott in dieser Zeit von seinem Volk möchte. Unser Teil in der Wiederherstellung besteht darin, dass wir uns demütigen, beten, Gottes Angesicht suchen und von unseren bösen Wegen umkehren. Wenn wir das tun, wird Gott unser Land heilen.

NACHWORT

Unmittelbarer Anlass für die Veröffentlichung dieses Buches ist die Gebetsinitiative **„40 Tage Fasten und Gebet für die Gemeinde, Deutschland und Israel"** vom 6. Januar bis 14. Februar 2010. Wir als Initiatoren glauben, dass es einen starken geistlichen Wachstumsschub braucht, damit die Gemeinde Jesu Gnade und Vollmacht empfängt, das Schicksal Deutschlands wirksam zu beeinflussen.

Deutschland befindet sich – wie alle Nationen – auf dem Weg in das biblische „Tal der Entscheidung" (Joel 4,14). Dort wird sich letztendlich entscheiden, ob unser Volk zu den „Schafen" oder den „Böcken" (Matthäus 25,31ff) zählen wird. Auf dem Weg dorthin wird es zu Vorentscheidungen kommen. Zum Beispiel in Bezug auf unsere Stellung zu Gottes Plänen mit Israel und Jerusalem einerseits und den Plänen der EU und der UN auf der anderen Seite. Diese Frage wiederum hängt zusammen mit der Frage, wie ernst Deutschland – nicht zuletzt im Umgang mit dem Islam – ihre eigenen jüdisch-christlichen Wurzeln nimmt.

Das Schicksal Deutschlands wiederum wird maßgeblich davon beeinflusst, inwieweit wir als Gemeinde Jesu in der Gnade Gottes in unsere Berufung hineinwachsen, inmitten unserer Gesellschaft „Salz und Licht" (Matthäus 5,13–14) und eine „königliche Priesterschaft" (1. Petrus 2,9) zu sein. Dazu braucht es einen hebräischen, einen ganzheitlichen Lebensstil, in dem unser Leben am Sonntag und unser Leben am Werktag in Einklang miteinander stehen. Es braucht eine ganzheitliche Vision, in der die verschiedenen Berufungen und Begabungen – für die Gemeinde, für Israel, für die Gesellschaft und die Nationen – fruchtbar zusammenwirken und sich nicht gegenseitig ausgrenzen und blockieren. Es braucht geistliche Leiterschaft, die erfüllt von dieser Vision mit Liebe und Weisheit Raum macht für die Entfaltung des Leibes Christi in eine Reife, eine Vielfalt und eine Vollmacht hinein, das Schicksal Deutschlands zu Gottes Erlösungsabsichten hin zu beeinflussen, ganz nach der Verheißung: *„Wo Sünde mächtig geworden ist, möchte sich die Gnade Gottes um so mächtiger erweisen."* (Römer 5,20b)

Für einen derartigen nationalen geistlichen Durchbruch hin zu dieser neuen Ebene der Vision, der Einheit, der Demut und der Vollmacht der Gemeinde Jesu bedarf es des kollektiven Fastens und Gebets. Sich daran zu beteiligen, dazu möchte ich allen Lesern, ja allen gläubigen Christen in Deutschland von Herzen Mut machen! Die 40-Tages-Initiative Anfang 2010 bietet dazu eine hervorragende Gelegenheit. Mehr zu dieser Initiative auf den folgenden Seiten.

6. Januar bis 14. Februar 2010:
40 Tage Fasten und Gebet für die Gemeinde, Deutschland und Israel

HINWEISE ZUR UMSETZUNG

Dieser Aufruf ist mehr als Ansporn denn als Anleitung zu verstehen. Das heißt: Jeder ist frei, die Impulse dieser Initiative so aufzugreifen und anzuwenden, wie es für ihn und seine Situation passt.

Fasten

Es wird einige geben, die bereit sind, die gesamten 40 Tage ganz oder teilweise zu fasten. Andere werden einen Tag in der Woche fasten. Andere sich nur von bestimmten Dingen, wie Kaffee oder Fernsehkonsum, enthalten. Diese Freiheit ist uns wichtig, damit möglichst viele gemäß der Gnade, die Gott ihnen gibt, sich mit einbringen können. Wir ermutigen allerdings ausdrücklich dazu, dass möglichst jeder in irgendeiner Form den Anstoß zum Fasten aufgreift!

Gebet und Anbetung

Entsprechendes gilt fürs Gebet: Manche werden diszipliniert die genannten Gebetsanliegen bzw. Bibelstellen aufgreifen und kontinuierlich vor Gott tragen. Andere werden sich auf ein oder zwei Aspekte konzentrieren. Andere wiederum werden hauptsächlich den Herrn anbeten und ihn über den Leib Christi, über den eigenen Ort, über Deutschland, Israel oder andere Länder und Situationen, die ihnen auf dem Herzen liegen, erheben.

Kreativität

Wir ermutigen zu großer Vielfalt und Kreativität im Heiligen Geist. In diesen 40 Tagen können Gebetsaltäre, Anbetungskonzerte, Gebetsspaziergänge, Gebets(halb-)nächte etc. eingerichtet werden. Man kann sich – wo es passt und gewünscht ist – mit bestehenden Gebetsinitiativen, wie dem Wächterruf (www.waechterruf.de) oder der Allianzgebetswoche (www.ead.de/gebet/allianzgebetswoche) verbinden.

Begegnung, Vernetzung und Zusammenkommen

Ein wichtiges Grundanliegen dieses Ansporns liegt im Zusammenkommen der Gläubigen. Besonders geeignet dazu sind der erste Tag der 40 Tage (Mittwoch, der **6. Januar,** ist in manchen Bundesländern ein Feiertag) oder der letzte Tag (Sonntag, der **14. Februar).** Im Zusammenkommen und dem Ausstrecken nach geistlicher Einheit liegen große Verheißungen und eine große Kraft. Zu dieser Einheit gehört die Sensibilität und Rücksichtnahme gegenüber verschiedenen Prägungen einerseits und eine große Freiheit im Heiligen Geist andererseits. Darüber hinaus ermutigen wir dazu, in Gebetsketten, kleineren und größeren Treffen, vor oder nach dem Gottesdienst, Gebetsspaziergängen und -wanderungen, 24/7-Initiativen etc. in diesen 40 Tagen auf vielfältige Weise gemeinschaftlich aktiv zu werden.

GEBETSANLIEGEN

Im Zentrum dieser Fasten- und Gebetszeit liegen folgende drei Anliegen:

1. Erneuerung und Wachstum der Gemeinde Jesu in Deutschland im Sinne der biblischen Verheißungen und Berufungen für die Gemeinde in der Endzeit.

2. Gebet für die Erfüllung von Gottes biblischen Verheißungen für die Endzeit an und durch Israel.

3. Bevollmächtigung der Gemeinde Jesu in Deutschland in das eigene Volk und die eigene Gesellschaft hinein als „Salz und Licht", als „königliche Priesterschaft" segnend, reformierend und transformierend wirksam zu werden.

Zu jedem dieser drei Grundanliegen seien jeweils eine Handvoll Bibelstellen genannt, die jeder beliebig ergänzen oder vervollständigen kann:

1. Erneuerung und Wachstum der Gemeinde Jesu in Gottes Verheißungen und Berufungen hinein:

„Er (Jesus) *hat sie gereinigt durch das Wasserbad im Wort, damit Er sie vor sich stelle als eine Gemeinde, die herrlich sei und keinen Flecken oder Runzel oder etwas dergleichen habe, sondern die heilig und untadelig sei." (Epheser 5,26–27)*

„Und nach diesem will Ich Meinen Geist ausgießen über alles Fleisch, und eure Söhne und Töchter sollen weissagen, eure Alten sollen Träume haben, und eure Jünglinge sollen Gesichte sehen. Auch will Ich zur selben Zeit über Knechte und Mägde Meinen Geist ausgießen." (Joel 3,1–2)

„Und Er hat einige als Apostel eingesetzt, einige als Propheten, einige als Evangelisten, einige als Hirten und Lehrer, damit die Heiligen zugerüstet werden zum Werk des Dienstes. Dadurch soll der Leib Christi erbaut werden, bis wir alle hingelangen zur Einheit des Glaubens und der Erkenntnis des Sohnes Gottes, zum vollendeten Mann, zum vollen Maß der Fülle Christi." (Epheser 4,11–13)

„Und Jesus trat herzu und sprach zu ihnen: Mir ist gegeben alle Gewalt im Himmel und auf Erden. Darum gehet hin und machet zu Jüngern alle Völker: Taufet sie auf den Namen des Vaters und des Sohnes und des Heiligen Geistes und lehret sie halten alles, was Ich euch befohlen habe. Und siehe, Ich bin bei euch alle Tage bis an der Welt Ende." (Matthäus 28,18–20)

„Ich bitte aber nicht allein für sie, sondern auch für die, die durch ihr Wort an Mich glauben werden, damit sie alle eins seien. Wie Du, Vater, in Mir bist und Ich in Dir, so sollen auch sie in Uns sein, damit die Welt glaube, dass Du Mich gesandt hast." (Johannes 17,20–21)

2. Gebet für die Gemeinde Jesu als „Salz und Licht" in die Gesellschaft hinein

„Ihr seid das Salz der Erde. Wenn nun das Salz nicht mehr salzt, womit soll man salzen? Es ist zu nichts mehr nütze, als dass man es wegschüttet und lässt es von den Leuten zertreten. Ihr seid das Licht der Welt. Es kann die Stadt, die auf einem Berge liegt, nicht verborgen sein." (Matthäus 5,13–14)

„So ermahne ich nun, dass man vor allen Dingen tue Bitte, Gebet, Fürbitte und Danksagung für alle Menschen, für die Könige und für alle Obrigkeit, damit wir ein ruhiges und stilles Leben führen können in aller Frömmigkeit und Ehrbarkeit. Dies ist gut und wohlgefällig vor Gott, unserem Heiland, welcher will, dass allen Menschen geholfen werde und sie zur Erkenntnis der Wahrheit kommen." (1. Timotheus 2,1–4)

„Suchet der Stadt Bestes, dahin ich euch habe wegführen lassen, und betet für sie zum HERRN; denn wenn's ihr wohl geht, so geht's auch euch wohl." (Jeremia 29,7)

„Da wurde Daniel dies Geheimnis durch ein Gesicht in der Nacht offenbart. Und Daniel lobte den Gott des Himmels, fing an und sprach: Gelobet sei der Name Gottes von Ewigkeit zu Ewigkeit, denn Ihm gehören Weisheit und Stärke! Er ändert Zeit und Stunde; Er setzt Könige ab und setzt Könige ein; Er gibt den Weisen ihre Weisheit und den Verständigen ihren Verstand." (Daniel 2,19–21)

„Ihr aber seid das auserwählte Geschlecht, die königliche Priesterschaft, das heilige Volk, das Volk des Eigentums, dass ihr verkündigen sollt die Wohltaten dessen, der euch berufen hat von der Finsternis zu seinem wunderbaren Licht." (1. Petrus 2,9)

„Ich will segnen, die dich [Israel] segnen, und verfluchen, die dich verfluchen; und in dir sollen gesegnet werden alle Geschlechter [Völker] auf Erden." (1. Mose, 12,3)

„Gerechtigkeit erhöht ein Volk; aber die Sünde ist der Leute Verderben." (Sprüche 14,34)

3. Gebet für Gottes Endzeithandeln an und durch Israel

„Ich will euch, liebe Brüder, dieses Geheimnis nicht verhehlen, damit ihr euch nicht selbst für klug haltet: Verstockung ist einem Teil Israels widerfahren, so lange, bis die Fülle der Heiden zum Heil gelangt ist; und so wird ganz Israel gerettet werden." (Römer 11,25–26)

„O Jerusalem, ich habe Wächter über deine Mauern bestellt, die den ganzen Tag und die ganze Nacht nicht mehr schweigen sollen. Die ihr den HERRN erinnern sollt, ohne euch Ruhe zu gönnen, lasst Ihm keine Ruhe, bis Er Jerusalem wieder aufrichte und es setze zum Lobpreis auf Erden!" (Jesaja 62,6–7)

„Denn ich sage euch: Ihr werdet Mich von jetzt an nicht sehen, bis ihr sprecht: Gelobt sei, der da kommt im Namen des HERRN!" (Matthäus 23,39)

„Aber über das Haus David und über die Bürger Jerusalems will Ich ausgießen den Geist der Gnade und des Gebets. Und sie werden Mich ansehen, den sie durchbohrt haben." (Sacharja 12,10)

„Denn Ich will Meinen großen Namen, der vor den Heiden entheiligt ist, den ihr unter ihnen entheiligt habt, wieder heilig machen. Und die Heiden sollen erfahren, dass Ich der HERR bin, spricht Gott der HERR, wenn Ich vor ihren Augen an euch zeige, dass Ich heilig bin. Denn Ich will euch aus den Heiden herausholen und euch aus allen Ländern sammeln und wieder in euer Land bringen, und Ich will reines Wasser über euch sprengen, dass ihr rein werdet; von all eurer Unreinheit und von allen euren Götzen will Ich euch reinigen. Und Ich will euch ein neues Herz und einen neuen Geist in euch geben und will das steinerne Herz aus eurem Fleisch wegnehmen und euch ein fleischernes Herz geben." (Hesekiel 36,23–26)

Für die „40 Tage des Fastens und Betens für die Gemeinde, Deutschland und Israel" möchten wir folgende Struktur anbieten:

Schritt 1: Sammlung in den Häusern – 6. Januar 2010

Für den ersten Tag, Mittwoch, den 6. Januar (in manchen Bundesländern ein Feiertag), ermutigen wir dazu, sich in den Häusern und Wohnzimmern zu treffen. Zu dritt, zu fünft, zu zehnt, als Hauskreise, Gebetsgruppen, Familie, Freundeskreis, von langer Hand geplant oder ganz spontan auf Zuruf.

Schritt 2: Eine Vielfalt an Zusammenkünften und Initiativen – 7. Januar bis 13. Februar 2010

Hier ist die vom Heiligen Geist inspirierte Kreativität und Initiative eines jeden Einzelnen gefragt. Unter der großen Überschrift „Zeiten der Wiederherstellung" kann es zu Anbetungsabenden kommen, wo man gemeinsam den Herrn erhebt und sein Angesicht sucht. Gebetstreffen, Gebetsketten mit bestimmten Hauptanliegen oder inhaltlich offen unter der Leitung des Heiligen Geistes – alles ist denkbar. Man kann sich unter dem Anliegen dieser Tage im Gebet auch stark auf eine Stadt, eine Region oder ein Bundesland konzentrieren.

Unsere große Bitte ist, dass Zusammenkünfte und Initiativen, die offen für andere Gläubige sind, uns möglichst frühzeitig bekannt gegeben werden, damit wir die Information auf unserer Homepage **www.israelaktuell.de** veröffentlichen können. Auf unserer Startseite finden dann alle Interessenten einen Link zur Veranstaltungsübersicht und können prüfen, ob es eine Veranstaltung in der Nähe gibt oder ob es sich lohnt, selbst aktiv zu werden.

Schritt 3: Zentrale Abschlussveranstaltung am Nachmittag des 14. Februar 2010 im Großraum Stuttgart

Zum Abschluss dieser 40 Tage laden wir Christen aus ganz Deutschland, die sich mit dem Anliegen dieser Initiative innerlich verbunden haben ein, am Sonntag, dem 14. Februar, nachmittags/abends zu einer großen gemeinsamen Anbetungs- und Gebetsveranstaltung in den

Großraum Stuttgart zu kommen. Der genaue Zeitrahmen und Veranstaltungsort steht zum jetzigen Zeitpunkt noch nicht fest, wird aber über die Homepage **www.israelaktuell.de** und auf anderen Wegen bekannt gegeben.

*Weitere Informationen zu dieser Initiative finden Sie ab Anfang Dezember 2009 auf unserer Homepage www.israelaktuell.de und in den nächsten Ausgaben unserer Zeitung „***Israel****aktuell.de" (kostenlos beziehbar unter info@israelaktuell.de oder Tel.: 0 56 06/37 59).*

WEITERFÜHRENDE MEDIEN UND BÜCHER

„Israel, Islam und die Gemeinde in der Endzeit"

*Willem J. J. Glashouwer,
Lance Lambert, Harald Eckert,
Dr. Naim Khoury*

7-teiliges CD-Set
Best.-Nr.: ASPL07CD
Preis: 25,00 €*

Diese CD-Serie ist ein einzigartiges Power-Pack. Wer die aktuelle Auseinandersetzung zwischen Israel und dem Islam und die Rolle der Gemeinde Jesu in diesem aktuellen Konflikt aus geistlicher und biblisch-historischer Sicht verstehen will, bekommt hier ein Hintergrundwissen erster Güte zur Hand. Dafür bürgen die Referenten – jeder auf seinem Gebiet eine Kapazität – in dieser einzigartigen Zusammenstellung geradezu aufsehenerregend und brillant.

„Überwindung von historischer Schuld und Kampf gegen Antisemitismus aus biblischer Sicht"

Harald Eckert

4-teiliges CD-Set
Best.-Nr.: CS0950HE
Preis: 15,00 €*

Die Themen dieser CD-Serie lauten im Einzelnen: „Die Geschichte des christlichen Antisemitismus", „Christlicher Antisemitismus in Städten und Regionen", „Auf dem Weg zur nationalen Buße" und „Deutschland im Tal der Entscheidung". Dieses Set hilft bei der geistlichen Verarbeitung der Geschichte Deutschlands auf biblischer Grundlage. Die Zukunft Deutschlands steht auf des Messers Schneide. Wer die Vergangenheit bewältigt hat, kann in der Gegenwart dazu beitragen, dass Kirche und Gesellschaft in Zukunft nicht die Fehler der Vergangenheit wiederholen.

„Wie können wir für Israel und für Deutschland beten?"

Harald Eckert, Heinz-Jürgen Heuhsen, Markus Neumann

6-teiliges CD-Set
Best.-Nr.: IHS046CD
Preis: 20,00 €*

Im Eintreten für die Belange Israels und für die besondere Rolle Deutschlands in ihrer Beziehung zu Israel kommt dem Gebet eine Schlüsselrolle zu. In diesem Set werden auf inspirierende und motivierende Weise zentrale geistliche Grundlagen gelegt und praktische Hilfestellungen gegeben – zur Stärkung des persönlichen Gebetslebens, aber auch mit Blick auf Gebetsveranstaltungen in kleineren oder größeren Gruppen. Eines unserer begehrtesten Sets!

„Deutschland, Europa und Israel in der Endzeit"

Harald Eckert, Willem J. J. Glashouwer

3-teiliges CD-Set
Best.-Nr.: IHS078CD
Preis: 12,00 €*

Jahreskonferenz von *Christen an der Seite Israels* 2009

*   Willem J. J. Glashouwer: Babylon und Jerusalem. Das Prinzip Babylon und das Prinzip Jerusalem. Der gefallene Mensch auf dem Weg zur Weltmacht und die Gegenbewegung Gottes.
*   Harald Eckert: Europa am Scheideweg. Die Gemeinde, die dem Bräutigam entgegengeht. Bewährung und Auftrag inmitten endzeitlicher Zuspitzungen.
*   Harald Eckert: Das Vorbild Josefs und mein Engagement als Christ für Israel heute.

„Gottes Berufung für Deutschland in der Endzeit"

Mit Beiträgen von: *Tobias Krämer, Ortwin Schweitzer, Jobst Bittner, Wolfgang Wangler, Harald Eckert, Peter Wenz, Arni Klein*
Herausgeber: *Harald Eckert* (Christen an der Seite Israels e. V.)

Geheftet DIN A 5, 72 Seiten
Best.-Nr.: BE0035DA
Preis: 3,90* €

Sieben namhafte Referenten, jeweils 20 Minuten Redezeit, ein sensibles Thema: Deutschlands Berufung in der Endzeit mit Schwerpunkt auf der Beziehung Deutschland-Israel. Das Ergebnis: Eine höchst spannende, wegweisende Sammlung von sehr unterschiedlichen, gleichwohl allesamt sehr aufrichtigen Beiträgen zum Thema.

„Gottes Weg mit Israel"

Harald Eckert

Paperback, 104 Seiten
Best.-Nr.: BE0017HE
Preis: 9,80 €*

Das Thema Israel zählt sowohl innerhalb der christlichen Gemeinde als auch in Politik und Gesellschaft zu den brisantesten und umstrittensten Themen unserer Zeit – und jeder merkt: Wenn es um Juden und Israel geht, kann man nicht neutral bleiben. Der Autor lässt einige der wesentlichen biblischen Aussagen zum Thema Israel in verständlicher und nachvollziehbarer Weise für sich selbst sprechen. Er möchte, dass der rote Faden von Gottes Gedanken und Absichten mit Israel mit wachsender Klarheit erkennbar wird.

„Der Erste und der Letzte"

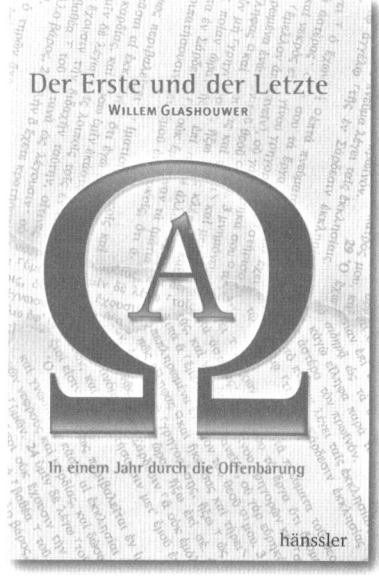

Willem J. J. Glashouwer

Paperpack, 716 Seiten
Best.-Nr.: BE0016WG
Preis: 29,95 €*

Das letzte Buch der Bibel – die Offenbarung von Johannes. Ein Buch mit sieben Siegeln, das nur studierte Theologen verstehen?

Willem Glashouwer zeigt die Offenbarung in einem neuen Licht. Sie ist:

- Brandaktuell. Gott hat große Pläne mit Israel und der Welt.
- Wie ein Leuchtturm auf stürmischer See. Sie zeigt die Richtung und gibt Hoffnung.
- Verständlich für jedermann. Der Autor schreibt für den Laien. Für besonders Wissbegierige erklärt er interessante Hintergründe.

Erforschen Sie Gottes Landkarte für die Zukunft. In überschaubaren Etappen. Ein bis zwei Verse pro Tag. Sie brauchen nur wenige Minuten täglich, um in einem Jahr die Offenbarung besser zu verstehen. Sie entdecken, dass Gott der Anfang und das Ende ist, der Erste und der Letzte.

„Die Gemeinde, Band 1 – Einführung/Ämter"

Derek Prince

Paperpack, 168 Seiten
Best.-Nr.: C42GE
Preis: 8,50 €*

Dieses Buch ist ein umfassender Führer über die Gemeinde, und zwar sowohl über die weltweite als auch über die Ortsgemeinde. Im weiteren Verlauf des Buches geht Derek Prince auf die verschiedenen Dienste ein, durch die die Gemeinde gegründet und zugerüstet wird. Hierzu zählen die Dienste von Aposteln, Propheten, Evangelisten, Lehrern, Hirten und Diakonen.

„Die Gemeinde, Band 2 – Die wahre und die falsche Gemeinde"

Derek Prince

Paperpack, 176 Seiten
Best.-Nr.: C43GE
Preis: 8,50 €*

Im zweiten Band der Serie „Die Gemeinde" fährt Derek Prince mit seiner leichtverständlichen und tiefgreifenden Erläuterung der Gemeinde und der Ämter innerhalb der Gemeinde fort. Im weiteren Verlauf des Buches zeigt Derek Prince auf, dass die Christenheit schon bald nur aus zwei gegensätzlichen Gruppen bestehen wird, und zwar der Braut und der Hure. Beide sind durch eindeutige Kennzeichen voneinander zu unterscheiden.

„Die Waffe des Betens und Fastens"

Derek Prince

Paperpack, 192 Seiten
Best.-Nr.: B25GE
Preis: 8,00 €*

In diesem Buch zeigt Derek Prince, wie Christen Weltereignisse durch die einfachen, aber wirksamen Mittel des Betens und Fastens verändernd beeinflussen können: „Die Initiative im Hinblick auf das Weltgeschehen liegt bei Gott und seinem Volk."

„Gott offenbart uns die Absichten, die er verfolgt, nicht damit wir passive Zuschauer am Rande der Geschichte sind, sondern uns persönlich mit seinen Plänen identifizieren können und auf diese Weise an ihrer Erfüllung aktiv mitarbeiten."

„Die drei endzeitlichen Absichten Gottes sind die Wiederherstellung Israels, die Weltevangelisation und die Vollendung der Braut, der Gemeinde. Die Quelle der Kraft, um diese Ziele zu erreichen, ist vereintes Beten und Fasten."

„Warum immer wieder Israel"

Willem J. J. Glashouwer

Paperpack, 144 Seiten
Best.-Nr.: BE0022WG
Preis: 8,00 €*

Wir leben in einer einzigartigen Epoche der Weltgeschichte. Besteht ein Zusammenhang zwischen den Spannungen im Nahen Osten und der Rückkehr des Messias Israels, der Wiederkunft Jesu Christi? Warum ist Jerusalem so umstritten? Sind Antisemitismus und Judenhass in Wahrheit nicht ein abgrundtiefer Hass gegen Gott, den Gott Abrahams, Isaaks und Jakobs?

Diese umstrittenen und aktuellen Fragen werden in gut verständlicher Weise in diesem Buch behandelt. Der Autor nimmt uns hinein in die Auseinandersetzung um Themen wie „Ersatztheologie", „Erwählung" und „Bund". Wir werden herausgefordert, im Glauben die biblische Vision von der Zukunft Israels zu bekennen, um sie der wachsenden Ablehnung des Volkes Gottes in der Welt entgegenzusetzen.

„Das Haus Israel und die Gemeinde Jesu"

Klaus Jakob Hoffmann

Paperpack, 112 Seiten
Best.-Nr.: BE0041KH
Preis: 8,00 €*

***Zwei Berufungen,
eine Verheißung***

Wo liegen die Wurzeln des Christentums? Welche Berufung haben die Juden? Welche Stellung nehmen Israel und die Gemeinde Jesu im ewigen Heilsplan Gottes ein? Das vorliegende Buch nimmt eine Standortbestimmung vor und entfaltet die biblischen Verheißungen. Mehr denn je benötigen Christen heute biblische Klarheit und ein festes Glaubensfundament, um das verheißene Ziel zu erreichen.

*zuzüglich Versandkosten von 3,50 €
Ab 30,00 € Bestellwert versandkostenfrei innerhalb Deutschlands

Bestellung entweder
* per Fax an die Nummer **(0 86 21) 97 73 89**
* oder an die Adresse:

    Christen an der Seite Israels – Medien
    Schwarzauer Str. 56
    83308 Trostberg

* oder per e-Mail an: **medien@israelaktuell.de**
* oder online unter: **www.israelaktuell.de/shop**

INTERNATIONALER BIBELLEHRDIENST

EIN ARBEITSZWEIG VON DEREK PRINCE MINISTRIES – INTERNATIONAL

Unsere Berufung

Unsere Berufung ist es, die gesunde, bibeltreue und praktische Bibellehre von Derek Prince dem deutschsprachigen Leib Christi in allen möglichen Formen zugänglich zu machen.

Bücher, Audio- und Videobotschaften

Schöpfen auch Sie aus der kostbaren Schatztruhe mit über 50 Büchern und Hunderten Audio- bzw. Videobotschaften. Wir schicken Ihnen gerne einen kostenlosen Gesamtkatalog zu.

Besuchen Sie uns auch im Internet unter:
– www.ibl-dpm.net –

Kontakt

IBL-Deutschland
Schwarzauer Str. 56 – 83308 Trostberg
Telefon: 0 86 21/6 41 46 – eMail: IBL.de@t-online.de

Derek Prince wurde 1915 als Sohn britischer Eltern in Indien geboren und erhielt seine Ausbildung an zwei der angesehensten Institutionen Englands: am Eaton College und an der Universität Cambridge. Im Alter von 24 Jahren wurde er in Cambridge zum Professor der Philosophie ernannt. Als er im Zweiten Weltkrieg in die britische Armee einberufen wurde, nahm er eine Bibel mit, um sie als „ein philosophisches Werk" zu studieren. Eines Nachts, als er allein auf seiner Stube war, wurde er mit der Realität Jesu Christi konfrontiert, nahm Ihn als Herrn und Heiland an, und die Ausrichtung seines Lebens änderte sich von Grund auf. Sein Lehrmaterial legt eine solide Grundlage im Leben von Christen in der ganzen Welt.